グレイトフル・デッドに
マーケティングを学ぶ

ブライアン・ハリガン
デイヴィッド・ミーアマン・スコット
渡辺由佳里=訳
糸井重里=監修・解説

nbb
日経ビジネス人文庫

文庫まえがき

ロックだろ、バンドだろ、という範囲から外に流れ出した思想。

糸井重里

アメリカで、この本が出版されたときも、たぶん「そういう考えもあるだろうよ」と思われていた。その「あるだろうよ」という距離感には、「認めるけれど、大きな多数を動かすものにはなれないだろう」という値踏みがあったとも思うのだ。

この本が出版されて、そう遠くない未来に日本でもその翻訳本が出たのだけれど、やはり似たような平熱の温度感で「おもしろい考えだよ、これも」と受け止められた。

ただ否定されるようなことはない。だって実際に、こういうことはあるのだから。しかし、世の中がそうなっていくという考えをまともに討議しあうほどのことはないだろう。そんな感じだったのではないかな。大きな数の人間が動いているが、所詮ロックのバンドの起こすムーブメントの範囲内だから…その捉え方は、正解だったのだろうか。

あれから、約10年の歳月が流れた。

あのときのあの考え方は、細かく砕かれて、あるいはなにかの思想とミックスされて、さらには商品やサービスのあり方に溶け込みながら、すっかり「ふつう」になって「大多数」とやらの社会の空気や水のような存在になっている。

勝った負けたではない、「ふつう」がグレートフル・デッドのやっていたことに似てきてしまったのである。所詮ロックのバンドの起こすムーブメントが、その範囲の外側に流れ出してしまったのが、この10年と言えるのではなかろうか。

その時期に、あの分厚い本が、小型になって新しく発売されるというのは、いまの日本にとってもいいことなんじゃないかなぁ。

Marketing Lessons from the GRATEFUL DEAD

What Every Business can Learn from the Most Iconic Band in History

DAVID MEERMAN SCOTT
&
BRIAN HALLIGAN

"They're not the best at what they do,
they're the only ones that do what they do."
WARFIEL

彼らはそれをやっていた。

この本のタイトルはへんなものです。
グレイトフル・デッド（なんか）に、（あのややこしい）マーケティングを学ぶ？
すでに、ここに矛盾を感じている人もおられるでしょう。
ぼくも、英語で見たこのタイトルに、にやりとしたものでした。

グレイトフル・デッドに？　マーケティングを？
グレイトフル・デッドは、１９６０年代にアメリカは西海岸サンフランシスコで生まれた

バンドです。ビートルズやローリング・ストーンズなんかとおんなじくらい歴史がある。

でも、日本人の大半はおそらくグレイトフル・デッドを知りません。

ヒット曲もないし、ジョン・レノンやポール・マッカートニーやミック・ジャガーやキース・リチャーズみたいなスターも在籍してない。

そんなバンドなのですが、アメリカでとっても人気があったのです。

そしてなんと、その人気は、結成から半世紀も経った今でもあるんですね。

ヒッピー・カルチャーの代表のようなグレイトフル・デッドには、熱狂的なファンがたくさんいて、その人たちには「デッドヘッズ」という呼び名があるくらいなんです。

「おお、キミもデッドヘッズだったのか!」なんて調子でね（この本のふたりの著者も、そんなふうに出会ったらしいですよ）。

彼らの全米コンサートはさながら移動する町のよう。大勢のファンたちが、そしてファンを相手にする商人たちが、ぞろぞろとグレイトフル・デッドの後をついていく。牧歌的で、一見、時代遅れで、ビジネスのにおいなんて全然感じさせない。

なのに、「結果として」、彼らの活動は、大きな市場を生み出し続けているんですよ。

なぜ？

このなぜ?に対する「答え」が本書のテーマです。

ぼくは、昨年の夏、アメリカで発行されたばかりのこの本の存在を知りました。そして、すぐに、たくさんの人たちにこの話を伝えたい、日本の人たちに読んでもらいたいと思いました。

いや、ちょっと違うかもしれないな。

この本には、ぼくが「こうやりたい」と思っていたようなことがまるまる書いてあったんです。

あとは本書をお読みください……なのです。

親しいともだちには、そこまで言って本を渡してしまいたいのですが、もうちょっとだけ、ぼくなりに考えた、この本の「ヒント」みたいなものをランダムに記しておきます。

この本は、やっぱり掛け値なしの「ビジネス書」です。つまり「使える本」としてつくられています。

西海岸のヒッピーくずれの、傍から見たらきっと文無しの集まりだったバンドが、いま世間で注目されている「最新型ビジネス」の秘密を明らかにしてくれるのです。

グレイトフル・デッドは、40年以上前から、ファンのみんなに自分たちの音楽を無料で開放していました。ツアーの音楽は録音してコピーし放題。まさに「フリー」であり、「シェア」のはしりです。

著作権だなんだといわずに、自分たちの作品を開放したら、たくさんのファンがついてくれて、コミュニティができて、仕事を手伝ってくれて、結果としてグレイトフル・デッドの音楽活動は、大きな市場になりました。

とっくの昔、みんながそれを嘲笑していたかもしれない時代から、「彼らはそれをやっていた」のです。

この本は、これまでにない「マーケティングの本」です。マーケティングを好きでない人も、きっとこの本を読んでくれると思うので、言っておきます。

マーケティングが、いやな言葉に聞こえるのには、理由があります。

それは、ある種のマーケティングが「大衆操作的」なものだと考えられているからです。

「これをこうして、あれをああすれば、みんながこうなるだろう?」という考え方が、大衆操作的でないとは思えません。

GEN. ADMISSION
DEC 27, 1986
BILL GRAHAM PRESENTS
Grateful Dead
OAKLAND COLISEUM ARENA
OAKLAND CA
DECEMBER 15, 1986
MONDAY—8:00 PM
NO CANS, BOTTLES, ALCOHOL, FLASH EQUIPMENT OR VIDEO. PLEASE
$16.50
GEN. ADM.
5866
GRATEFUL DEAD
NEVILLE BROTHERS
$17.50
GEN. ADMISSION
5983
5984
GEN. ADM.
DEC 16, 1986
5305
5428
DEC 17, 1986
DECEMBER 17, 1986
WEDNESDAY—8:00 PM
GEN. ADMISSION
6074
3215
GEN. ADMISSION
DEC 28, 1986
ADMISSION
2744
GEN. ADMISSION
2797
GEN. ADMISSION
3214
DEC 30
6075
GEN. ADMISSION
3215
5865
3153
GEN. ADMISSION
DEC 30
2714
DEC 27
HENRY J. KAISER CONVENTION CENTER
DEC 27, 1986
SAT ★ 8:00 PM
3837
5427
GEN. ADM.
DEC 17
NO REFUND PRICE NO EXCHANGE
SEC ROW SEAT

でも、「大衆操作的」ではないマーケティングもあるんです。

むしろ、大衆のほうが、自らマーケットを創っていくようなマーケティングもあるんです。

それが、グレイトフル・デッドと、デッドの仲間たちの、それ、です。

「これが、こうなったのかぁ。もっと、こうなったら、おもしろいぞ、みんなもよろこぶぞ」というふうなひとりずつが楽しさに巻き込まれていくような、創造的なマーケティングがここにあります。

で、これは、「大衆操作的」なマーケティングが好きな人たちに一泡ふかせることすらできそうです。

この本は、「もしドラ」に負けないくらいの「実用書」です。

ピーター・ドラッカーのいちばん重要な言葉のひとつは、「顧客の創造」です。

今はないけれど、できたらみんながよろこんでしまう商品やサービスを開発して、新しい市場を創る。そんな「顧客の創造」の真髄が、グレイトフル・デッドの「仕事」でした。

しかも。この本には、ドラッカーの本には書いていない、とても重要なポイントがあります。それは、彼らがアーティストであるからこそ気づいたことかもしれません。

常に人に「見られている」ということが、いかに仕事に効果をもたらすか。

このことです。

とうてい実現するとは思えない事業計画を立てたとしましょう。

99%失敗する。

でも、誰かに「見られている」ことで、1%の可能性に賭けてみよう、という意欲がわいてくる。

するとそこから「物語」が立ち上がる。

人間は物語の上で生きていきます。共感を呼ぶ物語が「見られている」ことで生まれたら、1%の可能性が2%になるかもしれない。

それが「見られている」効果です。


この本は、まだ誰も描いていない、ウェブ時代のヒットの根本を描いています。

それは、アメリカ西海岸で生まれた「ヒッピー・カルチャー」です。

もっと具体的に言えば、「ドラッグ・カルチャー」です。

たとえば、インターネット。

たとえば、アップル。

どちらも、その根底にはヒッピー・カルチャー、ドラッグ・カルチャーがでんと座しています。

ドラッグ・カルチャーのポイントは何か？

それは、ありていに言えば「へらへらすること」……上昇志向を忘れることです。

他人と比較することを止めることです。

かわりに、より気持ちよく、より楽しく、より仲良く、へらへらとやわらかくいる。

上へ上へ、の代わりに、横へ向こうへ前へ後へゆらりと動く。

もともとフラットな構造を持つインターネットも、まさにこの精神のたまものです。

それから、アップル（ヒッピーみたいな虹色のりんごマークを覚えていますよね）のスティーブ・ジョブズ。

気持ちいいインターフェイス、さわり心地のいいデザインにこだわり続ける。

機能よりも官能。快楽原則をなによりも大事にして創り続ける。

これも、ルーツは、まさにドラッグ・カルチャーそのものだと思えます。

フリーも、シェアも、インターネットの世界が発達することで目に見えるようになった。

それをいち早く体現したグレイトフル・デッドは、ヒッピー・カルチャー、ドラッグ・カル

チャーをマーケットに変えた先駆者です。

最先端のビジネスの誕生の陰に、ヒッピー&ドラッグあり。

なんだか、眉をひそめる人もいそうですが、この本を読むとそれが、とても自然な必然性のあることに思えてくるでしょう。


この本をまとめている最中、２０１１年3月11日の大震災がありました。

日本は、もう、それ以前には戻れない。

だったら、戻るんじゃなくて、「横へ向こうへ、前へ後へ」の精神で、新しい道を歩んだらどうだろう。

上を向いて歩くのはいいけれど、上をめざしてばかりというのは、どうもちがうみたいです。

若手の小企業の経営者たちや、もともと肩書のなかった人たちや、専門領域のちがう研究者たちが、いままでの枠にとらわれない、しかも効き目があって未来につながるようなことを、自由にやりはじめています。

日本の未来を育てるための人やネットワークが、あちこちに芽吹いているような気がします。

偶然ですが、そんな時期にこの本が日本で発売されるのは、なんだかとてもいいことだと思います。

「ラヴ＆ピース」

これはヒッピーの合言葉ですね。

それをただの言葉じゃなく、計画にした。

グレイトフル・デッドは、そういうやつらのようにも思えます。

この本を日本語で出そう出そうと言った者

糸井重里

——ほぼ日刊イトイ新聞

TERRAPIN
TRAILWAYS

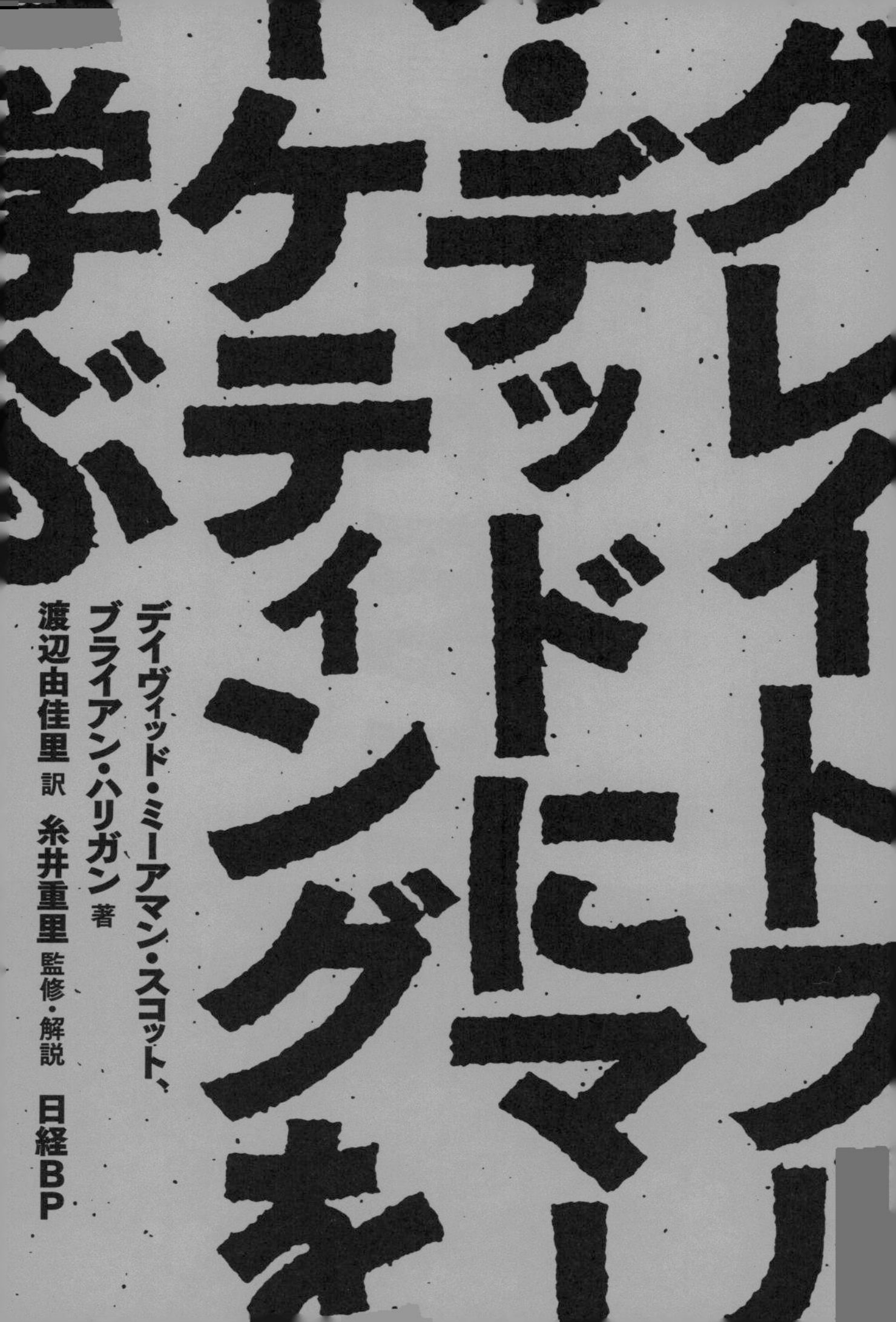

グレイトフル・デッドにマーケティングを学ぶ
デイヴィッド・ミーアマン・スコット、ブライアン・ハリガン 著
糸井重里 監修・解説
渡辺由佳里 訳
日経BP

もくじ

PART TWO THE FANS

PART THREE

THE BUSINESS

INTRODUCTION

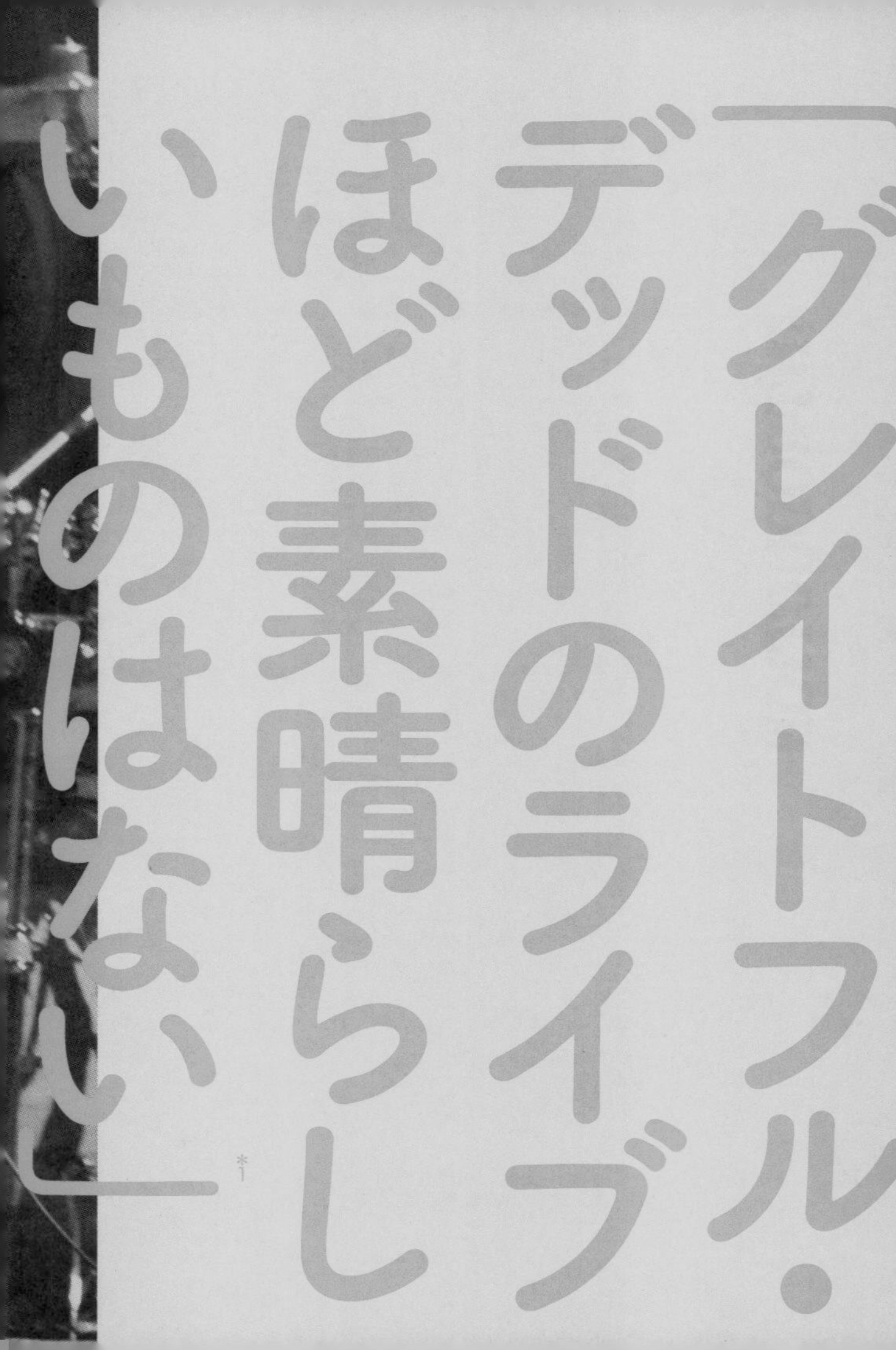

「グレイトフル・デッドのライブほど素晴らしいものはない」*1

グレイトフル・デッドのライブというと、夏の夕方の完売コンサートのシーンが瞼に浮かぶ。

観客たちは、ライブが始まるずっと前の昼間っから、暑い日差しのなかでお酒を飲み、タバコやほかのものをふかし、昔からの友達と再会したり、新しい友達を作ったりして、すっかり楽しんでいる。

ライブの開始がようやく近づくと、みんなの期待がひとつに集まって、エレクトリックな興奮が高まってくる。ステージからのブーンという機械音がその興奮と混じり合い、ロックを徹底的に楽しもうとする何万ワットもの力強いパワーになってうなりを響かせる。

会場の照明が消え、歓声がわき上がる。真っ暗なステージのあちこちで機材の赤いランプが蛍の光のように瞬くなか、バンドのメンバーたちがのろのろとステージに現れる。

フィル・レッシュ、ボブ・ウィアー、ジェリー・ガルシアの3人は、観客に背を向けたままアンプにプラグを差し込み、ギターをチューニングしている。ドラマーふたりがそれぞれドラムセットに腰を落ち着け、ひとりがバスドラムから「ブーン！」という音を鳴り響かせる。待ちこがれていた人々は、宇宙的なドラムサウンドを身体で受け止め、歓声を上げる。

出だしのあいまいなギターリフでオープニングの曲をあてようとする人もいる。「セットリストの天才たち（サヴァンツ）」は、これまでバンドがライブで演奏したすべての曲のデータベースから、自分なりのアルゴリズムでその日最初に演奏される曲名を友達に予言する。つかみどころのなかったリフは、静かに、ゆっくりと融合し、しだいに聴き覚えのあるメロディになってゆく。バンドのメンバーたちがようやくこちらと向かい合い、ステージに照明がともり、音量が引き上げられる。そして、2万人が一体になってブギーし始める。

こうしてまた、グレイトフル・デッドのライブがスタートする。

グレイトフル・デッドがサンフランシスコで誕生した1965年は、アメリカ合衆国の歴史のなかでも類いまれな時代だった。ベトナム戦争はエスカレートしつつあり、公民権運動は頂点にあった。多くの若者は権力に疑問を抱くようになり、反体制運動も盛り上がりつつあった。1967年にファーストアルバムを発売し、69年には伝説となったウッドストック・フェスティバルで演奏して人気を集め、その後多くのバンドが支持を失ったり、解散したりしていったなかで、グレイトフル・デッドは同じメンバーで70年代、80年代、90年代と活動を続け、僕たちのような新しいファンを増やしていったのである。

そして僕たちは、ファンの立場から一歩踏み出して、グレイトフル・デッドについての本を書くことにした。もちろん、このバンドが研究に値するものだということはすでに多くの人が考えており、ここ数年は幅広い分野で注目が高まっている。

マサチューセッツ大学アマースト校ではグレイトフル・デッドに関するカンファレンスが開催され、学者、ファン、アーティスト、演奏家、グレイトフル・デッドと共演したことのある「ファミリー」のメンバーたちが集まった。これは、グレイトフル・デッドの体験が個人や社会に与えた影響について論じる、有名大学で初めてのカンファレンスだった。作曲や演奏から「ビジネスモデル（経営スタイル）」の検討まで様々なパネルセッションがあり、50人以上のパネリストと講演者が参加した。展示や研究発表だけでなく演奏もあった大規模なイベントのおかげで、グレイトフル・デッドが研究に値する題材だということが一般に認知された。僕（ブライアン）もこのカンファレンスに出席し、このバンドをマーケティングの例として使うアイディアを練り始めた。

そして2009年、カリフォルニア大学サンタクルーズ校が「グレイトフル・デッド・アーカイブ」を開設した。このアーカイブには、並べると60万フィートにもなる本、録音、ビジネス文書、ポスター、チケット、写真、映像フィルム、ステージ小道具などが保管され、20世紀アメリカのポップカルチャーの最も重要なコレクションのひとつと言われている。それまで公開されてこなかったバンドの情報を得たくてうずうずしていた社会学、歴史学、芸術、音楽、ビジネス論理など多くの専門家は、このアーカイブの開設に胸を躍らせた。

2010年3月、ニューヨーク歴史協会は、グレイトフル・デッド・アーカイブの資料で大規模な展示を行った。この展示で僕たちを案内してくれたのは、なんとグレイトフル・デッドのドラマーのビル・クライツマンである。これは、忘れられない体験となった。4カ月も続いたこの展示では、バンドが音楽業界のルールをまったく無視していたことも示していた。この本で後ほど詳しく解説するが、グレイトフル・デッドはほかのバンドとはまったく逆で、レコードの販売ではなくライブの演奏で収益を上げ、ファンにチケットを直接売っていた。彼らはこのような「革新」を次々実現させるような、優れた「マーケティング手腕」を備えていたのである。

なぜグレイトフル・デッドがこれほど関心を集めるのだろうか？

彼らは、1965年から、リーダーのガルシアが死んだ95年までの間に、2300以上のライブを行い、ロック史上最も人気があるツアーバンドの地位を確立した。13枚のスタジオ録音アルバムも売れたが、バンドを別格の存在にしたのが独自の「ライブ体験」である。様々な音楽のジャンル（ロック、カントリー・ウエスタン、ジャズの即興、ゴスペルなど）の要素を組み合わせた自由な演奏スタイルにより、完全に新しいサウンドを生み出した。バンドは30年あまりで500曲ほど演奏したが、そのうちオリジナルは150曲に過ぎなかった。それ以外はカバー曲で、ボブ・ディランの「見張り塔からずっと」、クリス・クリストファーソンの「ミー・アンド・ボビー・マギー」、ジョニー・キャッシュの「ビッグ・リバー」、スティーブ・ウィンウッドの「ディア・ミスター・ファンタジー」、チャック・ベリーの「ジョニー・B・グッド」、ビートルズの「デイ・トリッパー」など多彩なラインナップだ。たいていのロックバンドは、ひとつのツアーで毎回同じ曲を同じ順番で演奏するが、グレイトフル・デッドの場合は、ライブごとに何を演奏するのかまったく予想がつかない。その意外性こそが「グレイトフル・デッド体験」の一部となっていた。

グレイトフル・デッドのライブは、なんと言うか、まぁ……単なるコンサート以上のものだった。日常とは異なる特別な「ハプニング」であり、冒険の旅の「目的地」であり、最もダイハードなファンにとっては「人生」そのものだった。実際、ツアーで各地を巡業するバンドについて行き、1年に100回あるライブをすべて観る人々もいた。会場の駐車場に設けられた「シーン」で、食べ物、飲み物、ドラッグ、そしてグレイトフル・デッド関連グッズを売ることで生計を立てている人もたくさんいた。

ツアーのキャラバンは、ファンとバンドがいっしょに作り上げる、真の「コミュニティ」であり、熱狂的なファンである「デッドヘッズ」たちには、サイコーに素晴らしい音楽によって一体感が生まれた。ライブにおける体験は、「カウンターカルチャー」そのものであり、多くのファンは「巡礼」としてとらえていた。会場に集まった2万人のファンは、まるで宗教のように一体化して絆を深めたのである。

マーケティングの教訓

グレイトフル・デッドは、今あらゆるビジネスで注目を集めている「ソーシャルメディア」を活用した最先端のマーケティングの多くを、1960年代にすでに開拓していた。ライバルのバンドと一線を画すようなサービスをファンへ提供するために、ほかでは絶対にやらないようなことに取り組んだ。例えば、ライブにきたファンに自由に録音させ、手作りのテープをファン同士が交換することを許した。これは、基本的なサービスを無料で提供する「フリーミアム」の先駆けだった。無料の音楽が原動力となり、ファンのパワフルな口コミ・ネットワークができた。録音を取り締まらなかったことで、最も人気があるツアーバンドになり、チケットを何億ドルも売り、いつの間にか収益の高い「企業」を作り上げていた。レコードの大ヒットがなかったにもかかわらず、グレイトフル・デッドは素晴らしい成功をおさめ、この時代で最も象徴的なロックバンドになった。このカウンターカルチャーを象徴するようなロックバンドが、消費者を取り込む「ブランド」となり、文字通りデッドヘッズのためのライフスタイルをいっしょに作り上げたのである。

僕たちがグレイトフル・デッドについて本を書きたくてたまらなかったのは、バンドが過去40年以上にわたってやってきたことのなかに、今日に応用できる教訓を見いだしたからだ。これらの教訓は、最先端のマーケティングについて、誰でも理解できるような分かりやすい言葉と実例で説明できる。グレイトフル・デッドは、よそとは正反対のことをやる「コントラリアン・マーケティング」の、壮大なケーススタディなのだ。彼らが行った革新的なマーケティングの数々は、同時代のロックバンド（とレコードレーベル）がやっていることの、まさに正反対だった。この本で説明する例をいくつかここで紹介しよう。

1 従来の業界の思い込みを見直す

通常、ミュージシャンにとってレコードアルバムが主な収入源なので、アルバムを売るためにツアーをする。だがグレイトフル・デッドは、ライブで稼ぐ「ビジネスモデル」を作り上げた。従来のやり方を変えようとする意思があれば、まったく新しいチャンスが生まれるのだ。つまり、グレイトフル・デッドは、「製品」を革新することよりも、「ビジネスモデル」を革新することのほうが、ずっと重要なのだと教えてくれる。

2 消費者をエヴァンジェリストにする

ほとんどのロックバンドは、観客がライブで録音することを禁じる。だがグレイトフル・デッドは、ファンに録音を許可しただけでなく、良い音質で録音できる場所に機械をセットできるよう「テーパー・セクション」を設けた。ほかのバンドが「だめだ」と禁じるさなか、録音テープを交換し合うファンの膨大なネットワークをインターネットが普及する以前の時代に作り上げたのである。たくさんの人がテープを聴いてファンになり、ライブのチケットが売れた。今では多くの企業が価値のあるコンテンツをネットで試験的に提供しているが、無料にすることでさらに多くの人が知ってくれて、結果的にお客さんが増えるということが分かる。

3 消費者に直接販売する

グレイトフル・デッドは、ツアー情報をいち早くファンに知らせるために1970年代初頭に会報を始めた。そして、自前のチケット販売事務所を作り、最も良い席を熱心なファンに提供した。コミュニティを築き、お客さんに対して敬意をもって丁重に扱うことが、より熱心なファンになってくれるための秘訣であることが分かる。

4 たくさんの熱心なファンを作る

ふつうのバンドは、自分たちが考えるライブの「イメージ」を観客に押し付けるが、グレイトフル・デッドはそうしなかった。コンサートを聴きにくる2万人も、ライブ体験の重要な一部であり、「ハプニング」で「目的地」なのである。つまり、グレイトフル・デッドの場合は、バンドではなくファンのコミュニティが「グレイトフル・デッド体験とは何か?」を決めたのだ。ファンを対等なパートナーとして扱うグレイトフル・デッドが私たちに教えてくれるのは、「会社や製品がどういうものであるかを決めてくれるのは、ファンのコミュニティだ」ということである。ツイッター、フェイスブック、ブログなどでコミュニケーションを取る時代には、企業が考え方を押し付けることはできないと思い知らされる。

この本では、グレイトフル・デッドのように、ライバルとは違うやり方で考え、マーケティングを行う方法を紹介する。それぞれの章では、グレイトフル・デッドが実践したマーケティングのコンセプトを提示して分析し、実際にそのコンセプトを採用している企業の例を紹介する。また、章の末尾にある「Rock On」では、あなたが「実行すべき」アイディアを提供する。

僕たちの、長く

風変わりな旅*2

本書の著者ディヴィッド・ミーアマン・スコットとブライアン・ハリガンは、どちらもグレイトフル・デッドの熱心なファンである。

デイヴィッドがグレイトフル・デッドの曲を初めて聴いたのは、高校に入学する少し前のことだった。隣の家の大学生が夏の間じゅうずっとグレイトフル・デッドを大きな音で流していて、それが聴こえてきたのだ。聴いているうちにだんだん好きになり、1979年1月17日にコネチカット州ニューヘヴンで初めてライブに行った。それからずっとファンとして、録音テープを集め、あわせて41回もライブに足を運んだ。

ブライアンの場合は、高校生のときに夏休みにケープコッドでいっしょにペンキ塗りのアルバイトをした友達が作業の間じゅう大音響でグレイトフル・デッドをかけていたのがきっかけだった。初めてのライブは、ヒッチハイクで行ったニューヨーク州サラトガ・スプリングで、このときの体験が生涯をグレイトフル・デッドに捧げるきっかけになり、すでに100回以上ライブに行っている。

僕たちが初めて出会ったのは2007年だった。デイヴィッドが以前書いた本を読んで、ブライアンが自分の経営する会社に招待したのだ。インターネットにおけるマーケティングの可能性や、新しい分野でのビジネスについて話が盛り上がっているとき、ふと、デイヴィッドのノートパソコンに貼ってあるグレイトフル・デッドのスティッカーに、ブライアンが気づいた。その瞬間、ふたりはデッドヘッズとしての同志愛を感じた。グレイトフル・デッドのライブに何度も行ったことがある人は、同じ体験をしている人に対して即座に親近感を覚える。しかも、僕たちは、生涯にわたっての情熱的なファンだったのだから、なおさらだ。そして、初めて会ってから数週間後、チケットが売り切れていたフィル・レッシュ&フレンズ（グレイトフル・デッドのベーシストが率いるバンド）のライブに、デイヴィッドがブライアンを誘ったことで、絆はさらに強まった。

僕たちは、グレイトフル・デッドのライブに長年行っているというだけではなく、バンドからマーケティングのヒントを得てもいた。デイヴィッドはこれまで書いた5冊の本すべてでグレイトフル・デッドについて言及していて、自身の講演のほとんどでもバンドの文化である「管理をゆるくする」ことを実践すればどんな組織も恩恵を得られると語っている。ブライアンは、まったく新しい「インバウンド・マーケティング」という分野で勝負するために自分の会社を立ち上げたが、それはバンドが独自の音楽ジャンルを作り上げたやり方に大きな影響を受けている（グレイトフル・デッドは、「ライバル」を観察したが、決してまねることはなかった）。

2010年3月、僕たちは「グレイトフル・デッドから学ぶマーケティング」という無料のウェブセミナーを共同で開催した。ほとんど宣伝をしなかったにもかかわらず、1700人もがこのバーチャルセミナーに登録したのには驚いた。そこで、翌月のエイプリルフールにも、バンドにならって即興で、グレイトフル・デッドから企業が学べることについてディスカッションした。それを見た参加者によるツイッターの300以上もの書き込みと、多くのブログ記事は非常に好評で、僕たちはさらに何かをしなければならないと感じた。こうして、この本が誕生したのである。

プレイング・

イン・ザ・バンド*3

本書では、ひとつの章で扱うテーマをひとつに絞り、それぞれが短くて読みやすくなるよう心を配った。章のなかでは、まずグレイトフル・デッドがいかにマーケティングのテクニックを先取りしていたのかを説明し、それを詳しく検証してから、現在その戦略を使っている企業の最新事例を紹介する。全体を3つのパートに分けているが、どんな順番で読んでもよいように書いてある。だから、気が向いたところから読んでいただいてかまわない（グレイトフル・デッドは権力が嫌いでファンに自立した行動を奨励していたのだから、僕たちが本の読み方について指図がましいことを言ったりはできない！）。

本書全体を通じてご覧いただける素晴らしい写真の数々は、ローリングストーン誌、ギターワールド誌、ギタープレーヤー誌など多くの雑誌の表紙や記事を飾ったサンフランシスコ在住の写真家ジェイ・ブレイクスバーグによるものである。ブレイクスバーグは、1978年、高校生のときからグレイトフル・デッドを写し始め、1980年代にはバンドの巡業キャラバンに加わってツアーに同行した。その後もバンドに密着して、非常に親密な写真を撮り続けた。

素敵なイラストを描いてくれたのは、神秘的な作品で多くのファンを魅了するリチャード・ビフルだ。彼は20年以上グレイトフル・デッド（と、メンバーのソロ活動やスピンオフ・バンド）の仕事をしており、ポスターやグッズ、CDカバーを手がけている。

ここで、本書におけるバンド名の表記について述べておきたい。1995年、グレイトフル・デッドの創始メンバーで精神的な指導者だったジェリー・ガルシアの死去により、「グレイトフル・デッド」というバンド名は、ライブにおいては「引退」した。レコーディングされた楽曲の販売や商品においては現在でも「グレイトフル・デッド」という名前が使われているが、「グレイトフル・デッド」というバンドはもう二度と演奏をしない。残されたメンバーたちはそれぞれソロ活動を始め、1998年から2002年の間にときおり再結成して「ジ・アザー・ワンズ」という名前でツアーをした。その後ジ・アザー・ワンズは「ザ・デッド」と名前を変え、さらに2009年には小さめの派生バンド「ファーザー」が結成された。シンプルにするために、本書では、ガルシアが死去してからの15年間のツアーバンドについても、区別せずにグレイトフル・デッドとして現在形で語る。「音楽は鳴り止まなかった」[*4]のである。

この本は、僕たちふたりの、友情と、グレイトフル・デッドへの敬愛、そしてマーケティングへの強い関心を結集させるものだったので、書いていてとても楽しかった。僕たちがグレイトフル・デッドに対して情熱的な関心を抱いてきた年数とマーケティングの経験年数を合わせると50年以上になるが、本書が、グレイトフル・デッドのファンと、それを仕事に役立てようという人のどちらにとっても価値あるものであることを願っている。

＊1 グレイトフル・デッドのファンがよく使う言い回し。
アルバム〝Europe '72〟のライナーノートで初めて使われた。
＊2 「トラッキン」という曲の歌詞〝What a long strange trip it's been.〟にかけている。
＊3 「プレイング・イン・ザ・バンド」という曲名にかけている。
＊4 「ザ・ミュージック・ネヴァー・ストップト」という曲名にかけている。

グレイトフル・デッドは、寛大であり、多くの慈善コンサートを行うバンドとして知られていた。

著者たちも、このバンド精神にならい、本書の印税の25%をカリフォルニア大学サンタクルーズ校の図書館のグレイトフル・デッド・アーカイブに寄付し、グレイトフル・デッドのさらなる研究に役立てていただくことにした。

グレイトフル・デッド・アーカイブは、20世紀で最も重要なポップカルチャーのコレクションのひとつである。

グレイトフル・デッドは、"デッドヘッズ"と呼ばれる情熱的なファンによる膨大なネットワークの現象を生みだし、非常に特異な音楽事業で成功を収めた。グレイトフル・デッド・アーカイブは、バンドの素晴らしい創作活動と1965年から1995年にかけて彼らが現代音楽史に与えた影響に関する資料を保存、管理している。

www.gratefuldeadarchive.org

グレイトフル・デッドにマーケティングを学ぶ

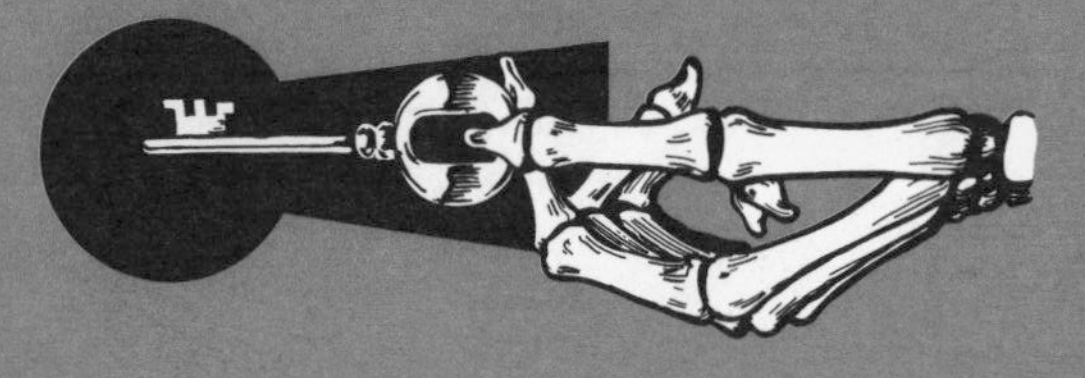

PART ONE

THE BAND

CHAPTER 1

CHAPTER 1

ユニークなビジネスモデルをつくろう

インターネットがなかった時代には、ロックバンドは新しいアルバムの宣伝をするためにツアーでアメリカや世界各地をまわったものである。ファンは、全席完売になるライブに大枚をはたき、豪華な花火や照明（それともちろん音楽）を楽しんだ。セットリストは、バンドの「ベストソング」と新しいアルバムからの新曲を混ぜ合わせたもので、毎晩同じである。ツアーの目的は、なるべく多くのレコードを売り、新作をゴールドディスクやプラチナディスクにすることだったからだ。

ファンは地元のレコード店でアルバムを購入したものだが、その頃のレコード店のレジの横には、その週のトップアルバムのリストが貼ってあった。１９７５

年当時、ゴールドディスクになるためには、レコード50万枚、売上100万ドルを達成する必要があり、プラチナディスクになるためには、レコード100万枚、売上200万ドルを達成する必要があった。

ロックバンドとレコード会社、その他いろんな取り巻きにとって収入の源になるアルバムの販売を促進するためにライブをするのが基本的な「ビジネスモデル」だった。だが、グレイトフル・デッドは、このモデルを覆した。ほかのバンドのようにアルバムを販売することではなく、ライブから収入を得ることに全力を注いだのである。また、そうすることで、ほかのバンドとはまったく異なる「ファン体験」を作り上げた。

ツアーそのものが主な収入源であったので、グレイトフル・デッドは、自分たちのライブをほかのバンドとは違うやり方で運営した。例えば、演奏する曲のセットはライブごとに異なり、同じ曲でも演奏のしかたが異なる。毎晩違う音楽体験で楽しませてくれるので、ファンは1日だけでなく、毎晩（数週間、数カ月、あるいは何年も）続けざまにライブに行きたいという気になる。これは、ほかのバンドとは正反対のアプローチだった。

グレイトフル・デッドにとってはツアーがビジネスの中心だったので、アルバムの販促のためにツアーを行うのではなく、わずかな例外を除いてほぼ恒久的にツアーをしていた。この業界で最も優れているという評判の照明と音響システムに大金を費やしており、それがさらにパワフルな音楽体験をファンに与えた。

こうして、宗教の信者にも似た、繰り返しライブにくるファンが増えた。特に熱狂的なファンは、ツアーといっしょに移動しながら、コンサート会場の駐車場で、グレイトフル・デッドのツアー名物であるベジタリアン・ブリトス、エキゾチックなドラッグ、風変わりな洋服などを売る屋台を並べるようになり、コンサートの一部となった。その屋台の間を歩きまわるのもライブ体験なのである。

ロックバンドの典型的なビジネスモデルの「基本的通念」を変えることで、グレイトフル・デッドはバンドとファンの両方が連鎖的に恩恵を受けるような「カスケード効果」を作り出したのである。

グレイトフル・デッドは、当時活躍していたすべてのほかのロックバンドと正反対のやり方で利益をあげた。

グレイトフル・デッドが、レコードの販売とレコード会社の利益を増やすことに力を注ぐマネジャーに管理されていたらどうなっていただろうか。もし、マネジャーが、業界の「最も良い方法（ベスト・プラクティス）」に従っていたら、音楽史上で消えていった何千ものバンドのひとつになっていたかもしれない。ライブを収入源にするグレイトフル・デッドのビジネスモデルは成功し、アングラなカルト集団のような熱狂的なファンを生み出した。その熱狂的なファンに押されて、グレイトフル・デッドは「成層圏」に飛び出したのである。ファンは数千人から数億人以上に増え、グレイトフル・デッドのライブは何十年にもわたって完売を続けた。

MARKETING LESSON FROM THE GRATEFUL DEAD

他人とは違うビジネスモデルをあみ出す

ほかの企業がやっていることに追随してビジネスモデルをまねするのは、革新を起こすよりもはるかに簡単だ。だが、それではダメだ。ライバルは観察すべきだが、ライバルと同じことをしたくなる誘惑には、全力で逆らわなければならない。

今日成功を収めているビジネスは、おおむね、新しい技術や複雑な製品改良によるものというより、これまでとは異なるビジネスモデルによるものである。例えば、オンラインDVDレンタルは、レンタルチェーン店とはまったく違う。カーシェアリングとレンタカー、ネットオークションと家庭でのガレージセール、グーグルの検索広告とヤフーのバナー広告、iPodおよびiTunesとほかのMP3プレーヤー、ウォルマートと地元の小売店を比べてみよう。成功したビジネスは、グレイトフル・デッドのようにそれぞれの業界の常識をひっくり返すことで、自分たちに有利な競争の場を作った。常識とみなされているやり方を拒否することでライバルと差別化し、顧客に対しても利益を与えることができるようになったのだ。

グレイトフル・デッドは、ビジネスモデルの革新が、製品の革新と同じかそれ以上に重要であることを教えてくれる。

ル・ラ・ラは、オンラインで高級ブランドを買う場を作り上げた

ル・ラ・ラは、高級ファッション製品をディスカウント価格で販売する会員制オンラインサイトである。アメリカのT・J・マックスのようなディスカウント販売チェーンとはビジネスモデルが異なり、昨シーズンの商品を大幅に値下げして売るのではなく、ブランドのデザイナーとしっかり手を組んで、最新の商品やよそでは買えないアイテムを期間限定で安く提供している。

ル・ラ・ラの販売方法を紹介しよう。例えば食器のビレロイ&ボッホや、ファッションのセント・ジョンといったブランドの「ブティック」を日替わりで用意し、アメリカ東海岸時間で午前11時から48時間のみ開く。スクリーンには残り時間を示す時計が点滅し、商品が売り切れたら閉店する。あっという間に売り切れる可能性があるので、開始数分前からパソコンの前で待ち構えていられるようアラームをセットしている人もいる。また、ル・ラ・ラがどのデザイナーのブティックを開くかは、数日前にメールで知らせてくれる。

2008年4月にサービスを始めてから、ル・ラ・ラは口コミで160万人もの熱心なファンを築き上げた。会員になるためには、別の会員から招待される必要がある。自分が招待した人が初めて注文すると、10ドルの「クレジット」がもらえて、このクレジットはル・ラ・ラで販売されるどの商品にも使える。招待できる人数と、もらえるクレジットに制限はない。

扱う商品が限られていると、お客さんが逃げてしまうと思うかもしれない。だが、実はその反対なのである。限定することで提携しているブランド名と商品の「過剰露出」を防ぐことができる。同じブランド名や同じ商品ばかりを何度も繰り返し目にすることによって起きる「コンシューマー・ファティーグ（消費者疲労）」を抑えられるというわけだ。また、すぐ買わないとチャンスを逃して後悔するのではないかという切迫感もある。これは、典型的な買い物の体験とは違う。ふつうは、買うかどうか迷った場合には、家に戻って「もう一度考える」ことができる。たいていの場合は熱がさめて冷静になるので、必要なものではないと気づいて購買には至らない。

ル・ラ・ラには、客が素早く購入できるように「急いで購入」という機能がある。会員はアカウントの設定ページにクレジットカードの番号、請求書と送り先の住所などを記入しておく。そして人気商品を見つけたら、「急いで購入」ボタンをクリックするだけで購入できる。外出先でも、スマートフォンから簡単に購入できる。届いた商品に問題があれば、ソーシャルメディアのツイッターでル・ラ・ラのコンシェルジュに話しかければ、すぐに対応してもらえる。

ディスカウント店や高級デパートと競争するかわりに、ル・ラ・ラは独特な客層をターゲットにする革新的なビジネスモデルを作り上げたのである。世界中に熱心なファンができて、2008年に2500万ドルだった売上は、2009年には第3四半期だけで2800万ドルに増えた。ル・ラ・ラは、2010年初めに電子商取引大手のGSIコマースに3億5000万ドルもの金額で買収された。ユニークなビジネスモデルが認められたのだ。

自分が戦いやすい土俵を作る

今では非常にニッチな分野の製品でも成功することはできる。だが、ビジネスモデルがライバルと同じだとそれも難しい。独自のビジネスモデルを築き上げるためにまずやらなければならないのは、自分の業界を調べてよく知ることだ。そのうえで、ライバルがひしめく競争の激しい土俵から抜け出し、よそとは違うユニークなやり方で顧客にメリットを提供するのである。

ACTION ユニークなビジネスモデルを作るのは非常に難しいことであり、「こうすれば必ずできる」という簡単な方法などはない。そこで、ヒントになるような質問を紹介するので、自分自身に問いかけてほしい。

「自社がライバルより3倍も優れているのは何か？」
「自社がライバルより3倍劣っているのは何か？」

どちらの答えも「何もない」であったら、ライバルを引き離すだけのユニークさはない。つまり、すべての側面で勝つことはできないというわけだ。だから、自分だけにある特別なものについて考え直す必要がある。

業界全体をひっくり返すような新しいテクノロジーが出現してはいないか？　インターネットを新しい流通経路として使えないだろうか？　iPadやアンドロイドのアプリケーションでライバルを追い抜くことはできないか？　アマゾンのメカニカルタークシステム[*1]でコストを激減させたり、新たな価値を与えたりできないだろうか？

子育てを終えた夫婦が都市部へ移住していること、在宅勤務者が増加していること、アウトソーシングが海外からアメリカの地方へ移っていること、企業でも家庭でも二酸化炭素の排出量の低減に関心が高まっていることなど、現在起こっている社会変化をあなたの業界でうまく利用することができるのではないか？

助言を求めるなら、自分とは違う業界の切れ者がいい。自分がどっぷりつかっている業界でユニークなビジネスモデルを考えようとしても、常識に邪魔されてろくなアイディアが出ないからだ。

*1 アマゾンのウェブサービスで、プログラムと人間の知能を組み合わせて、コンピューターだけではできない仕事を処理することができる。タスクが必要な人とタスクを提供してくれる人をつなぐ場を提供する。

CHAPTER 2

CHAPTER2

忘れられない名前をつけよう

「グレイトフル・デッド（The Grateful Dead）」

よく考えてみると、このバンド名はなんだか奇妙だし、ちょっと怖い感じもする。

けれども、実に印象的ではある。

1964年に結成したときのバンド名は「ワーロックス」だったのだが、同じ名前のバンドがあることに1年後に気づき、新しいバンド名を考えなければならなくなった。リーダーのガルシアは「ミスティカル・エシカル・アイシカル・トライサイクル」がいいと言い、ギターのウィアーは「ヒズ・オウン・スイート・

アドボケイツ」を提案したが、全員が納得することはできなかった。フィル・レッシュの家に集まって『バートレット名言集』から何千もの候補を読み上げても、これという名前を見つけられずにいたが、ジェリー・ガルシアが『ファンク&ワグナル国語辞典(1956年版)』を開いて当てずっぽうに指差したのが、「グレイトフル・デッド」だった。何人かはすぐに気に入って「これにしよう!」と主張したが、残りのメンバーはためらった。でも、忘れられない印象的な名前だということではみんなの意見が一致したので、バンド名に決まったのである。

「大好き」、「大嫌い」、「意味が分からない」……どう思われるにせよ、グレイトフル・デッドは人が覚える名前だ。

辞書によると、グレイトフル・デッド(感謝する死者)とは、正式な埋葬を拒まれた死者を助けた英雄に関するバラードの一種で、多くの文化でよく似た物語が伝承されている。名前が喚起する、意識の世界を超えた、奇妙で宇宙的な感覚は、バンドにとって完璧だった。観客がライブで宇宙的なサウンドを聴きながらトリップしているのを想像すると、この名前はますますぴったりだった。

あれから40年経った今振り返っても、このバンド名は理想的だと思える。グレイトフル・デッドがロック史上最も伝説的なバンドとして広く認められたのには、バンド名が大いに役立っている。親が忌み嫌い、あまりクールではない同級生や職場の同僚が嘲笑する名前には、内輪にしか通じないジョークのようなところがある。だから、かえって仲間意識が生まれた。こんなに風変わりな名前のバンドを好きになるくらい「自立」している者こそが、コミュニティの一員としての名誉の勲章を受けることができるのだ。

MARKETING LESSON FROM THE GRATEFUL DEAD

印象的で忘れられない名前を選ぼう

グレイトフル・デッドのように印象的で忘れられない名前をつければ、組織にとって大切な資産となる。ほかにはない名前を（自社の企業イメージと、対象としている市場に対して適切に）選べば、消費者が似たような製品と間違えることはなくなるし、自分の会社と商品の名前をちゃんと覚えてくれる。

ソーシャルネットワークと検索エンジンが普及している今、企業や製品、サービスが、個性的で忘れられない名前を持っていると、オンラインの検索でライバルよりも見つけてもらいやすくなる。

グレイトフル・デッドのように個性的で忘れられない名前は、成功をもたらす。

ほとんどの会社は、何かの名前をつけるときに、印象に残るかどうかとか、グーグルなどの検索サービスでどう検索されるか、といったことに注意を払わない。たいてい名前の候補を考えるのは、商品の開発に携わった人だ。だから、商品の機能に注目したような名前がつけられる（iPodではなく、MP3デラックスポケットプレーヤーとなる）。名前の候補を、法律部門が著作権や商標登録について問題ないか検討することはあっても、グーグルで実際に検索してみることは少ない。製品名で検索して自社サイトが最初のページに現れないとしたら、その名前は失敗だ。

ハブスポットとデイヴィッド・ミーアマン・スコット

ここでは、僕たち自身の個人的な話をさせていただきたい。

著者のひとりブライアン・ハリガンが2006年に会社を創立したとき、印象的な名前をつけたかった。企業のウェブサイトを、誰もいない砂漠に立っている看板のような状態から、人々が集う躍動的な〝ハブ〟へと変化させることを説明しようとして思いついたのが「ハブスポット」という名前だった。また、ボストンにはザ・ハブ（世界の中心地）というニックネームがあるので、ボストンをハブとするハブスポットには二重の意味があり、サンフランシスコにある「シスコ」という会社と同じ効果がある。業界内でも、（情報のハブという意味で）ハブスポットのサイトとブログが提供する情報が社名をぴったり表している、と気に入ってもらっている。

ほかの会社と違い、ハブスポットでは自社サービスにブランド名をつけていない。サービスも「ハブスポット」なのだ。それゆえ、顧客は何を購入するのか混乱せずにすむ。そして、印象的で忘れがたい。

もうひとりの著者デイヴィッドも、同じように自分のブランド名に注意を払ってきた。2001年から、デイヴィッドは専門家として仕事をする際にミドルネームの「ミーアマン」を使うようになった。デイヴィッドの祖先の一部はオランダのドルドレヒト出身で、この家系に生まれた長男はミーアマンというミドルネームを引き継いできた。デイヴィッドは、その他大勢の「デイヴィッド・スコット」と自分を区別するためにミドルネームを使うことにしたのである。多くのデイヴィッド・スコットのうち、ひとりは月面を歩いたアポロ15号の船長で、もうひとりは6回も鉄人（アイアンマン）レースのチャンピオンになったトライアスロン選手である。また、別のデイヴィッド・スコットはジョージア州13区選出の下院議員だ。素晴らしい顔ぶれには違いないが、違いを明らかにするためにも、自分のことを覚えてもらうためにも、検索エンジンで自分を見つけてもらうためにも、デイヴィッドはほかのデイヴィッド・スコットたちとは異なる存在になることを決めたのだ。

もし、自分の会社や商品、サービス、本、CDなどに名前をつける機会があったら、検索したときに良い順位になるようにする必要がある。ブライアンはハブスポットのドメイン名HubSpot.comを、デイヴィッドはDavidMeermanScott.comを確保することができたが、検索結果の最初のページのトップに会社のサイトが現れることのほうが、製品名やサービス名のドメイン名を確保することより重要なのである。

記憶に残る印象的な名前を見つけよう

名前をつけるのは難しい。しかし、これはマーケティングでは非常に重要な要素である。なのに、この重要な行為に十分な時間を割いている企業は少ない。

ACTION 名前を考えるときに留意することと、コツをまとめてみよう。

●よくある名前や有名な映画や本のタイトルとしてすでに使われている名前を避ける。検索エンジンやソーシャルメディアサイトでリストのトップに現れるような名前がよい。

●名前を最終決定する前に検索エンジンで確認する。検索結果で製品名や社名がトップに出てこないような名前に惚れ込まないようにしよう。

●思いもよらない場所にインスピレーションを求めよう。オンライン書店（アマゾンなど）のサイトにいき、名前をつけようとしている製品のカテゴリーで検索してみてはどうだろう？　現れた本のタイトルや副題のリストからアイディアがひらめくかもしれない。

●造語を選ぶ人も多い。検索するとその名前しか出てこないというメリットがある。だが、造語を使う場合には、あまりにも難解なものや発音が困難なものは避けたほうがいい。

●ふたつのまったく異なる単語を組み合わせてひとつの造語にする方法もある。例えば誰でも簡単に世論調査ができる「サーベイ・モンキー（世論調査＋猿）」は興味をそそられる会社名だ。

●実在の単語で異なるスペリングを試してみる。例えば、「Google」は「googol」（10の100乗という意味）から取った造語で、「Flickr」は「flicker」（点滅、ゆらめきという意味）から「e」をひとつ取った造語である。

●サム・ホーンは、『POP!』という本のなかで、よくある名前を「ABC順配列」で変えて新しい名前を思いつく方法を語っている。この方法はなかなか良い。命名したい製品が、例えばチューブから絞り出すヨーグルトだとしよう。ヨーグルト（yogurt）のyの部分にAから順番に別のアルファベットを差し替えてみるのだ。そうやって生まれたのがゴーグルト（GoGurt）という製品である。

●ありふれた名前を少しだけ変えて新しい言葉を作ってみてはどうだろう。例えば、ソーシャルネットワーキングのサイトであるフレッジウィング（FledgeWing）はフレッジング（巣立ちしたばかりのという意味）から作った言葉である。

CHAPTER 3

CHAPTER3

バラエティに富んだチームを作ろう

グレイトフル・デッドは「技術的には最高のミュージシャンではない」と主張する人もいる。だが、異なる音楽的な経験を積んだメンバーが集まり、それがパワフルなコンビネーションを作り、ほかのバンドにはないサウンドを作り出したことは間違いない。

リードギターのジェリー・ガルシアは、ブルーグラスで使うバンジョーも演奏した。そのおかげで、カテゴリーに当てはまらないサウンドが生まれたとも言える。ガルシアはソロ活動として「オールド・アンド・イン・ザ・ウェイ」というブルーグラスのバンドに参加していて、その影響がグレイトフル・デッドの「リップル」や「フレンド・オブ・ザ・デヴィル」といった曲に表れているのだ。

一方で、ベーシストのフィル・レッシュは、活動を始めたときにはジャズのトランペット奏者だった。初期のグレイトフル・デッドに加わり、それから「実地」でベースギターの演奏を身につけていったのである。弾き方を知らなかったがゆえに、レッシュはベーシストとしての先入観がなかった。いろいろと実験をし、一生懸命学ぼうとするレッシュの意欲は、独自のサウンドを作り上げるうえで重要な役割を果たし、結果的に音楽界で最も影響力があるベーシストのひとりになったのである。

最初のキーボード奏者だったロン・〝ピッグペン〟・マッカーナンの父親は、リズム&ブルースのディスクジョッキーで、バンドに加わる前のマッカーナンはブルースのハーモニカとキーボードを演奏していた。彼の経歴もグレイトフル・デッドのサウンドにひねりを加えた。

グレイトフル・デッドは、バラエティに富んだスキルを組み合わせた相乗効果で、前代未聞の1＋1＝3のサウンドを作り上げた。

ロックバンドは通常、同じような音楽の経歴を持つ人が集まって結成する。そして、メンバーが死んだり、脱退したりした場合には、バンドのサウンドにすぐなじめそうな後任を見つけるために残りのメンバーがオーディションをする。

ところが、グレイトフル・デッドの場合は、幅広い経歴を持つミュージシャンたちが引き寄せられて集まった。キース・ゴッドショーの場合は、その奥さんがライブでガルシアをつかまえて、うちの夫がグレイトフル・デッドのキーボード奏者にぴったりだと伝えたのがきっかけだった（このとき前任のマッカーナンは健康上の問題で脱退していた）。ゴッドショーは、もともとはアコースティックのピアノ奏者であり、グレイトフル・デッドについてよく知らなかったのだが、試験的に代役をつとめたあとすぐに雇われた。

様々な経歴のミュージシャンが集まっただけでなく、正式な音楽教育をほとんど受けていない者もいた。ギタリストでヴォーカルのボブ・ウィアーがジェリー・ガルシアといっしょにグレイトフル・デッドを結成したとき、彼はまだ高校生だった。これは、ユニークな経歴を混ぜるという常識からかけ離れたやり方が、実はパワフルな組み合わせをもたらすということの証明である。

MARKETING LESSON FROM THE GRATEFUL DEAD

異なる才能がある人を集めよう

変化が激しい今日では、グレイトフル・デッドのように、ユニークな才能を持った個人で構成された、多様性のあるマーケティングのチームが求められる。メンバーは、マーケティング部門やPR会社、広告代理店の出身である必要はない。ITに通じていて、日常生活でソーシャルメディアを使いこなしている人がいい(ブルーグラスでの経験がグレイトフル・デッドのユニークなサウンド作りに貢献したように)。

もし最強のチームを作るならば、財務に非常に詳しい分析家も必要だ(こちらはグレイトフル・デッドにおけるジャズのような役割)。そして、市場に幅広いコネクションを持つ人がいるのが理想だ(こちらはブルースの役割)。これまでマーケティング業界では、「コネクションを持っている人」というと、システム手帳に業界の連絡先をパンパンに詰め込んでいる人のことだった。現在では、ブログやソーシャルメディアの世界で何千人もに発信できる人なのである。最後に、ブログ、動画、ウェブセミナー、ホワイトペーパー、ポッドキャストといったコンテンツをたやすく制作できる人がいるとよい（いうなればグレイトフル・デッドにおけるリズム&ブルース）。ひとりでこういったスキルをすべて備えた人材を見つけることは不可能なので、様々なスキルを持つ人々を集めてチームを作るべきなのだ。

こうしたスキルを持つ人は、伝統的なマーケティング、広告、ＰＲの分野では探さないほうがいい。テレビＣＭ、電話営業、広告メール、展示会などが有効だった時代に作り上げられた「成功体験」がない人を雇うべきだ。例えば、アメリカではたくさんのジャーナリストが職を失っているが、彼らは素晴らしいコンテンツクリエーターになれる。ＭＢＡを取得したばかりで集計表が理解できる人は、分析家として雇うとよいかもしれない。カスタマーサポート部門で一生懸命ツイッターをしている人のほうが、マーケティング部門の人よりもコネクションがあるかもしれない。業界では有名だけれども、収入がないために親のスネをかじっているブロガーがいたら、会社のコンテンツの制作者としてぴったりかもしれない。

マーケティング職の求人広告を見ると、消費者の行動が完全に変化しているのに、「印刷物とオンラインでの販促」、「ＰＲ活動のサポート」といった内容で、ほとんどの企業がいまだに古いやり方から抜け出せずにいることが分かる。この状況を逆に利用して、ライバルに先駆けてユニークな才能を集め、バラエティに富んだチームを作り上げるとよい。ターゲットにしている顧客の購買行動にあったマーケティングがやりやすいのは、こういったチームである。今の時代には、同じスキルを持ったマーケティングの総合職ばかりを雇うべきではない。

自分たちが専門としている分野や、なじみのある分野以外から、能力のある人を連れてくることが重要である。

デジタルの女王ジュリア・ロイがCOACHで活躍

かつて最新ファッションの世界を知るためには、豪華な写真と広告がびっしり詰まった雑誌を買うか、セレブの生活を紹介するテレビ番組を観るしかなかった。高級ブランドは、過剰な露出によってそのイメージが薄まらないよう、注意深く振る舞ってきたのだ。だから、ソーシャルメディアには消極的だった。インターネットは〝大衆向け〟であり、ソーシャルメディアはブランドを誰にでも手の届くものにしてしまうと信じられていた。

だが、裕福な顧客もふつうの人と同じようにオンラインショッピングするようになり、高級ブランドもそれに対応しなければならなくなった。どうすればいいのか。鞄ブランドのコーチは、2009年にジュリア・ロイを採用した。ロイは、ファッション業界とはまったく関係がなかったが、ITに深く通じ、ソーシャルメディアを使いこなしている。分析もできて、伝播力もあり、コンテンツクリエーターの才能が生まれつきあった。

ロイは、伝統的な企業マーケティングやPRの経験もなければ、MBAも持たない。マサチューセッツ州ボストンのシモンズ大学で国際関係学、公共政策、政治学の学位を取ったが、政治学の道に進みたくなかったので、ハリケーン・カトリーナ災害復興資金集めキャンペーンのために働くことになった。そこでウェブサイトとブログを作り、人生が変わった。スタートからたった2週間しか経っていないブログが、検索エンジンで有名サイトよりも上位になったのだ。「ヘタクソなデザインでその場しのぎのこのブログが、なぜグーグルでは『権威』と見なされているのだろう?」と驚き、その理由を追求することにした。

こうしてロイはソーシャルメディアの世界に足を踏み入れ、「パーソナルブランディング」の戦略で、ツイッターのフォロワー4万人以上、フェイスブックファン3000人以上を獲得した。

コーチの新しいグローバルウェブとデジタルメディア部門のシニア・マネジャーになったロイは、この高級ブランドのためにソーシャルメディアでの戦術を組み立てている。古い常識を打ち破り、これまでのマーケティング部門のスタッフとは異なるスキルを持つ業界のアウトサイダーを招き入れたコーチは、大成功を収めたのだ。

会社のマーケティング部門を見直そう

自社のマーケティングチームは、他社と似ていないだろうか？ 以前働いていた会社と同じような構成ではないだろうか？ 同じようなスキルを持つ「総合職プロジェクトマネジャー」タイプばかりではないだろうか？ であれば、組織を変え、新たなスキルを開発し、（ジュリア・ロイのような）新しい人材を採用するときがきている。

ACTION マーケティングチームを次のようなスキルを持つ人たちで編成しよう。自社やその製品を消費者に「見つけてもらう」ことを職務とする人、自社や製品について理解してもらい、魅力を感じて「改心（気持ちを変える）」してくれるよう働きかける人、数字を「分析」してより良い決断を下すための援助をする人。

自社のマーケティング部門を、異なるスキルを持つ人たちで構成するために、欠落している人材は次のようにして埋めよう。「改心チーム」には、デジタルの世界に慣れ親しんだ人を雇用するか、社員がそうなるようにトレーニングする。「分析チーム」には、優れた分析力がある人、「見つけてもらうチーム」には、市場への伝播力を持つ人や生まれつきのコンテンツクリエーターを雇う。

欠けているポジションを社内の人材で埋める場合には、マーケティング部門以外から探そう。そして、社外から採用する場合には、マーケティング業界以外を探そう。

CHAPTER 4

CHAPTER 4

ありのままの自分でいよう

1960年代にモッズルックが流行し、イギリスのロックバンドが洗練された細身のスーツを着ていたときも、1970年代のグラムロック全盛期に、きらびやかな衣装と化粧でミュージシャンがステージに上がっていたときも、グレイトフル・デッドは変わらなかった。ステージ上でも、ふだんどおり、マリファナを吸い、音楽を愛する、サンフランシスコのヒッピーのままでいたのだ。

バンドのメンバーたちは、ファンとよく似た格好でステージに現れた。長髪にむさ苦しい髭面（ひげづら）でビルケンシュトックのサンダルというスタイルは、長年ほとんど変わることがなかった。40歳にさしかかった頃のフィル・レッシュがジーパンとTシャツでベースギターを弾く姿は、歳をとったロックミュージシャンというより、近所の温厚なおじさんといった感じだった。実際、観客席にいる歳をとってきたデッドヘッズたちとよく似ていた。

たいていのロックライブは、綿密に調整され、同じプログラムを繰り返すが、グレイトフル・デッドはまったく台本なしだった。だから、メンバーはよくミスをした。楽曲を弾き始めたものの入り込めずに途中で止めてしまうこともあった。ミスをしても特に気にせず、新たにやり直す。そんな彼らをファンは理解し、「グレイトフル・デッド体験」の一部として受け入れていた。しょせん人間なのだから。

ファンは、グレイトフル・デッドの〝偽りのない本物らしさ〟に親しみを覚えた。

グレイトフル・デッドにもPR担当者やマネジャーたちがいたが、メンバーはファンとの親密さを保ち続けた。お金をかけて広告を打ったり宣伝文句ばかり並ぶダイレクトメールを送ったりせずに、メンバーの近況や心境を語る会報をファンに郵送した。たとえば1972年の春の号を読むと、まるで友達に出す手紙のような純朴な告白である。

「この会報はいったい何のためにあるんだろう？」と君たちはいぶかっているんじゃないだろうか。僕たちも、ときおり同じくらい疑問に思っている。もともとは、君たちファン同士が何らかのコミュニケーションを取りあえるシステムを築きたいと願っていたんだ。でも、資金不足で最初に意図していたようなものができなかった。

MARKETING LESSON FROM THE GRATEFUL DEAD

自分の真の姿を隠そうとするな

今日の企業は、グレイトフル・デッドから「偽りのない本物である」ことの重要性を学ぶことができる。顧客や提携先、従業員は、偽りのなさや透明性を従来よりも評価するようになっている。それは、ソーシャルネットワーク時代に育った若い世代が成長し、消費者となり、働くようになったからだ。

世間は過ちに対して驚くほど寛容である。企業が問題を即座に認め、なぜ、どのようにして起こったのか、そして、どう修正するのかを説明すれば、たいていは許してもらえる。だが、トヨタがアクセルペダルの問題で事実を隠そうとしたように見えたとたんに、人々は寛容ではなくなった。フェイスブックに日常生活の出来事をすべて公開して育った若い世代は、特に透明性のなさを問題だと思っている。それ以前の世代と比べると、「プライバシー」と「透明性」の持つ意味が異なるのだ。

グレイトフル・デッドは、透明性さえあれば、過ちはすぐに許してもらえるものだと教えてくれる。

社員がブログを書いたり、ソーシャルメディアのツールを使うことを禁じるのではなく、それらを活用することを奨励しよう。ゆるめのガイドラインを作ったら、あとは社員に自由にやらせるのだ。社員を信頼すれば、彼・彼女らの支持者がそれぞれ増えてゆき、自社の商品やサービスも買ってもらえる。自分やその社員が間違いをおかしても大丈夫。隠したり、（もっと悪い）無視をしたりせずに、過ちを認めれば、マイナスの面よりも、プラスの面のほうがはるかに大きい。

綿密に準備した告知や、プレスリリース、イベントなどでは、会社の個性が隠れてしまう。これはよくない。自分らしさを表現しよう。社長や社員が社外の人と交流するときにも、ありのままの自分でいよう。奇抜な企業カルチャーがあるなら、それを前面に押し出したほうが、上っ面だけの企業イメージよりも、顧客は好感を抱くかもしれない。プレスリリースやウェブサイトによくある「企業っぽい」表現を取り除き、どんな会社なのか、どんな理念を持っているのか、そのまま伝えよう。

セールスフォース・ドットコムの失敗と成功

インターネットを基盤とした顧客関係管理（CRM）の会社であるセールスフォース・ドットコムは、創業初期に何度か機能が停止するアクシデントに見舞われた。2005年には、それが3時間も続いたことがあった。当時はまだ、インターネットを基盤にしたアプリケーションがそれほど普及していなかったので、機能停止によるイメージダウンは避けられず、サービスの利用を検討していた人は自分たちの大切なデータを「クラウド」に保管してよいものか心配になった。

この機能停止が起こったとき、セールスフォースのライバルたちは、すぐさま同社の〝悪口〟をネットに書いたり、ジャーナリストへ知らせたりした。こうして報道と顧客の両方から多くの圧力を受けたセールスフォース・ドットコムは、機能の停止を無視することもなく、またデータ・クラスターを管理する外部の業者のせいにすることもなく、かわりに「トラスト・セールスフォース・ドットコム（Trust.Salesforce.com）」というウェブサイトを新設した。システムの状況を週7日、毎日24時間休みなく表示したのだ。このサイトの最初の文は「セキュリティは信頼から始まります。そして、信頼は透明性から始まります」となっている。セールスフォース・ドットコムのシステム・パフォーマンスとアップタイムについての情報は、このサイトで誰でもリアルタイムで知ることができる。

このサイトを作ることで、セールスフォースは自社と自分たちの過ちを、世界中へ公開したのである。その結果、顧客から絶大な信頼を得ることができた。これほどまでに情報をガラス張りにしたことで、顧客企業のIT部門から気に入られた。サービスを採用するかどうかを決めるときには、IT部門の意見が重視される。セールスフォースの企業価値が創業から10年足らずで100億ドルを超えたのには、極端なまでの透明性も少なからず貢献している。

社員に自由を与えよう

最先端のマーケティングでも、結局は私たちが子供の頃に親から教わったことが通用する。親は子供に、自分らしく、正直であるように説き、間違いをおかしたら謝り、みんなの信頼を取り戻すよう教えるものである。

ACTION 社員に自社のブログを書いたり、自社についてツイッターに書くよう勧めよう。社員に「信頼しているぞ」と伝えれば、問題を起こすこともなく、よい結果が得られるだろう。ソーシャルメディアに本気で取り組むには、ランチの時間に勉強会を開いて、ブログの上手な書き方、ツイッターの効果的な使い方、フェイスブックの利用法などを説明するとよい。社内に詳しい人がいなければ、外部の人を呼んできたり、ウェブセミナーをみんなで見るのもよい。

プレスリリースでも、ロボットのような言葉づかいはやめて、人間らしい言葉を使おう。プレスリリースでよくある意味不明な言葉は、まるで外国語だ。読んだ人に伝わる言葉で書こう。

もし過ちをおかしたら、認めること。隠そうとしてはならない。

CHAPTER 5

CHAPTER5

「実験」を繰り返す

グレイトフル・デッドは全部で2300以上ものライブを行ったが、即興による演奏スタイルを取ったため、それぞれまったく違う内容だった。ジェリー・ガルシアによると、ライブの80%は即興で、ほかのバンドのように同じ曲を同じように演奏するスタイルに近いものは、20%だったらしい。

こういった即興は特に新しいものではなく、ジャズ・ミュージシャンが長年やってきたことであり、これがグレイトフル・デッドのスタイルに多大な影響を与えている。ジャズでは、まずひとりがリフ（テーマとなる音型）を奏で、別のメンバーがそれを受けて発展させてゆく。ジャズにおける即興演奏は、ひとりずつ行うものである。

ところが、グレイトフル・デッドの場合には、メンバーがそれぞれ即興しながら、グループとしても同時に演奏するのである。自分が即興で演奏しながら、ほかのメンバーの演奏をよく聴いて、発展させてゆかねばならない。だから、〝同時即興〟は音楽的にはとても高度なのである。

グレイトフル・デッドは、グループとしても個人としてもいろんな音楽の形式とジャンルに挑み、ユニークなライブを生み出した。

実験に熱心だったメンバーは、ライブでしょっちゅう違う楽器を試した。例えば、リーダーのガルシアはエレキ・ギターとブルーグラス・バンジョーのほかに、ペダルスティール・ギターやマンドリンを、キーボード担当のマッカーナンはハーモニカやいろんなパーカッションを演奏した。グレイトフル・デッドでデュオを組んだふたりのドラマー、ミッキー・ハートとビル・クライツマンは、現在ともに「リズム・デヴィルズ」というバンドを率いているのだが、かつてはステージで金属のパイプやゴミ箱を叩いてみたり、神秘的なアフリカン・トーキング・ドラム（西アフリカの語り部が使う世界で最も古い楽器のひとつ）を叩いたりしたものだ。

即興と実験を繰り返し、しかもすべてのライブが異なった内容だったので、グレイトフル・デッドはほかのロックバンドよりも多く失敗をした。ジェリー・ガルシアはそれについてこう語った。「毎晩真珠を獲りに潜るのだが、ときにはアサリを獲ってきてしまうこともある」。5つくらいのライブのうち、ひとつかふたつは演奏的には失敗だったが、出来の悪いライブの翌日がとても素晴らしいということもまれではなかった。

グレイトフル・デッドは自分たちに厳しく、ライブで大失敗したときにも、ちゃんと自覚していた。だが、出来の悪い演奏をしたとしても、保守的になることなく、新しい試みを繰り返した。挑戦し続けながらも、常に失敗から学んでいたのだ。

MARKETING LESSON FROM THE GRATEFUL DEAD

常に新しい実験をしよう

インターネットの変化が速すぎて、大企業でも中小企業でも、経営者がマーケティング担当者の手足を縛って、自由に仕事をさせないようにしている。その担当者も、クビになりたくないために、必要以上に保守的になったり、決定に時間をかけすぎたり、リスクを取ろうとしなかったりする。

マーケティング担当者だって、成功するためにはグレイトフル・デッドのように実験を繰り返すべきなのだ。失敗は「避けなければならないもの」ではなく、社長も経営陣も、どんどん新しいことに挑戦させて、失敗したらそこから学ばせればよい。

グレイトフル・デッドは、リスクを取り、新しいことに挑み、失敗と成功から学び、前進し続けることを教えてくれる。

これだけ市場の変化が速く、新製品が次々と開発され、ライバルの状況や新技術も変わってゆくのだから、マーケティングの担当者は計画を立てるサイクルを半年や1年にするのではなく、月ごとにするべきだ。1年ごとの企画立案のほうが系統的にできて自然に感じるかもしれないが、マーケティング担当者にとって、新しい試みや失敗に機敏に対応してゆくためには、サイクルは短くするべきなのだ。

ドロップボックス
「素早く学び、何度も学ぶ」

ドロップボックスは、２００８年に始まったサービスで、コンピューターの間で簡単にファイルが共有できる。このおかげで、家から会社へパソコンを持ってゆく必要はなくなったし、ＵＳＢメモリーでファイルを持ち歩く必要もない。

これを宣伝するために、ドロップボックスは、この業界における「最も良い方法（ベスト・プラクティス）」に従った。注目を集めるベンチャー企業が登場する、サンフランシスコで開かれるカンファレンス「テッククランチ50」に登場してサービスの開始を発表し、クリックに応じて広告料金を払うキャンペーンを利用し、昔ながらのＰＲ会社にお金を払って告知してもらった。

さて、その結果はどうだったのか？99ドルのサービスを買ってもらうのに、ひとりあたり233〜388ドルもつぎ込んでしまった。非常に高くついた失敗であり、なんとも痛い話だ。ところがドロップボックスは、あきらめるのでもなく、さらにお金をつぎ込むのでもなく、振り出しに戻ることにした。

チームが気づいたのは、マーケティングで大金を失っている一方、まったくお金を使っていないのに、既存の利用者がけっこうな割合で知り合いにサービスを紹介してくれていることだった。ドロップボックスのサービスは非常に使いやすく、利用者の問題を解決してくれるので、その感想が口コミとして広まっていったのである。また、クリックに応じて広告料金を払う「ペイ・パー・クリック検索広告」は、すでにあるサービスを探している人を呼び寄せるのには良い方法だが、「こういうものがあるとは知らなかった。便利そうだ。ぜひ使いたい」と思わせることはできなかった。つまり、すでに世の中に認知されている商品やサービスに対して有効だったやり方は、まったく新しいものについては役に立たないこともあるのだ。

こうして学んだ経験を活かし、ドロップボックスは、オンラインでの紹介を増やすようなツールをいろいろと試した。うまくいったのは、利用者同士がフォルダーを共有できるようにしたことだ。そのおかげで、利用者のネットワークができあがり、人が人を呼んでいった。さらに、ソーシャルネットワークを通じて簡単に紹介できるようにもした。メールのアドレス帳から選んだり、フェイスブックやツイッターを使ったりして、ほかの人にドロップボックスを勧めることができる。報酬システムも試みた。新しいユーザーを紹介するごとに、追加のストレージを無料で提供するというものである。

自分たちのサービスを広めるために何でもやろうと実験した結果、2009年9月に10万人だった利用者は、2010年1月には400万人に増加した。そのほとんどは、よくできた紹介システムのおかげである。

マーケティング部門で実験をしてみる

企業のマーケティングは、音楽と同じようにクリエイティブな仕事だ。失敗を恐れるのではなく、今の5倍以上は実験してみるべきだ。マーケティングでいえば、たとえば自社ブログを始めたり、社員のツイッターやブログへの投稿、他人のブログへのコメント投稿を許可したりしよう。毎週ポッドキャストや動画番組を配信したり、インターネットを活用して日常生活や仕事に役立つ情報を提供してもよいだろう。これらすべての秘訣は、失敗から学べるということである!

ACTION あなたの会社の企画立案のサイクルを見直そう。1年間の予算が決められているのはいいのだが、日々の活動はそこまで長いスパンで計画するのではなく、「短距離走」のように月単位で企画しよう。(休みを除いた)ひと月のうち19日間をプロジェクトに費やし、1日は前の月から学び、次の月で行うことを選ぶ日にする。翌月のプロジェクトを選ぶときには、必ず、少なくともその20%が純粋に実験であるようにしよう。

CHAPTER 6

CHAPTER6

新しい技術を取り入れよう

グレイトフル・デッドは、ただ音楽をやっていたかったお気楽そうな連中であるにもかかわらず、意外なことに、何十年も音楽における技術的な革新を続けてきた。グレイトフル・デッドのライブ体験は、熱狂的なファンが社会からドロップアウトしたり、バンドについて町から町へと旅するようになったりすることで伝説化しているが、そのライブを魅力的にした要素のひとつが、特別にカスタマイズされたサウンドシステムだった。このサウンドシステムはあまりにも手がこんでいて、販売されている製品だけでは間に合わないため、自分たちで開発しなければならなかった。

１９７４年に初めてお目見えした「音の壁（サウンド・オブ・ウォール）」というシステムは、８年間の試行錯誤の成果であり、35万ドルかけて作られ、55台のマッキントッシュ・アンプが22万6400ワットもの電力を使うものだった。時代をはるかに先駆けており、グレイトフル・デッドはテクノロジーの面でほかのバンドが足元にも及ばない別格の存在になった。600以上のスピーカーを幾何学的な模様に組み立てて作った壁は、まるで巨大な芸術作品のようであり、初めて見た人は文字どおり息をのんだものである。

グレイトフル・デッドのライブでは、最新の技術こそが常に重要な要素だった。例えば、1980年代には3万ドルもする高調波分析器をライブの機材として使用したが、それはもともとNASAが金属の空気力学的な強さを調べるために開発したものだった。

ライブで技術を活用したためにグレイトフル・デッドはさらにクリエイティブになり、最も成功したツアーバンドになった。

グレイトフル・デッドは、寛容で親しみやすいバンドの文化を何十年もかけてじっくり育ててきたが、それを促進するためにテクノロジーを活用し続けた。リーダーのガルシアが亡くなった後、残りのメンバーが「ザ・デッド」として２００９年にツアーを始めたときも、技術を利用してファンであるデッドヘッズたちをひとつにまとめ、新しいライブ体験を提供した。それは、ツアーの全公演の音声配信と動画配信が楽しめるiPhoneのアプリケーションで、演奏曲名（セットリスト）を教えてくれるツイッターの投稿や、ブログや写真をチェックすることができる。

バンドの発展のそれぞれの段階で、グレイトフル・デッドはその時代のテクノロジーの限界に挑戦し、それを押し広げようとした。それが、１９７０年代にはライブのテクノロジーであり、２００９年にはリアルタイムのiPhoneアプリだったのだ。

MARKETING LESSON FROM THE GRATEFUL DEAD

最新の技術を積極的に取り入れよう

もちろん、これは音楽やグレイトフル・デッドだけに限った話ではない。技術が進歩し、コミュニケーションが劇的に進化した現在では、ツイッターやフェイスブックなどの交流サイトや、フォースクエアなどの位置情報を利用するサービスによって、どこでも簡単にリアルタイムでやり取りすることができる。また、どんな会社でもブログに記事を書いたりユーチューブに動画を投稿したりすることで情報を発信できる。だが、そうしたことに対して社内での抵抗も生じている。グレイトフル・デッドは利用できる技術の限界に挑戦し続けたが、多くの企業はすでによく使われている技術にすらついていっていないことが多い。たいていの会社にとってマーケティングとは、芸術家タイプの人がブランディングとか、イメージとか、広告コピーとかについて議論する類いの、クリエイティブな仕事である。もちろんそういった要素も重要だが、技術の分野が無視されがちなのは困った問題だ。僕たちがよく会う企業の重役やマーケティング部門も、ウェブの分析、マーケティングの最適化、顧客関係管理システム、ソーシャルメディアといった技術の知識を重視していないことが多い。

グレイトフル・デッドは、テクノロジーを取り込むことでクリエイティブなプロセスが促進され、最高レベルの成功をもたらしてくれることを教えてくれる。

最新の技術を取り込むどころか、多くの組織はソーシャルメディアによる新しいコミュニケーションを積極的に阻んでいる。企業の重役、人事の担当者、法務部、マーケティング部の重役などは、新しい形のコミュニケーションは、時間の無駄づかいであり、「本物のマーケティング」ではないと思っている。ソーシャルネットワークの活用を勧めると、「とんでもない」といった反応で、「社員が会社の不利益になるようなことを書くかもしれない」から危険だと主張する。

これまでにソーシャルテクノロジーの利用について何百もの企業に尋ねてみたが、ざっとみて25％の会社は、ユーチューブやフェイスブックなどのソーシャルネットワークのサイトへの社員のアクセスをブロックしているようだ。自社を不利な状況にしている組織は、こんなにも多いのである。

これらの企業が私たちに説明した、社員のアクセスをブロックする主な理由は、次のふたつである。ひとつは、生産性を枯渇させること、もうひとつは、社員が情報を公開しすぎることにより社のブランドに傷がつく可能性があることである。

アメリカ国防総省も取り入れている新しいメディア技術

アメリカの国防総省でさえ、ザ・デッドのように新しいコミュニケーションの技術を採用している。2010年初旬、国防総省は新しいメディア技術に関する公式ポリシーを公開した。約300万人も雇用している国防総省は世界で最も大きな組織のひとつであり、これは大きなニュースとなった。

このポリシーが発表される前には、軍隊のいくつかの部署で、特定の技術の使用が制限されていた。だが、新しいポリシーによって、アメリカの陸軍、空軍、海軍、海兵隊などは、ツイッター、ユーチューブ、フェイスブック、ブログ、掲示板といったソーシャルメディアを使用したり、それらに参加したりしてもよいことになった。

国防総省は、ソーシャルメディアという技術を制限することよりも、軍務につく人たちがそれにアクセスすることで、同僚や友人、家族、そして一般市民とコミュニケーションを取ることのほうが重要だと気づいたのだ。

陸軍、空軍、海軍、海兵隊の情報は、今では国民が自由に入手できるようその大部分を公開している。このポリシーの興味深いところは、多くの企業と比べて、軍のほうがはるかに斬新だということだ。アメリカの軍隊がグレイトフル・デッドのマーケティングの教訓を活かしているとは！（ヒッピームーブメントの象徴的存在だったジェリー・ガルシアが生きていたら、どう思ったことだろう？）

企業の重役は、ソーシャルメディアへのアクセスを禁止するのではなく、これが現在人々がコミュニケーションを取る方法なのだと悟るべきだ。今では多くの人が、フェイスブックで人間関係を維持し、ツイッターやフォースクエアで互いの予定を伝え合い、ユーチューブやブログで貴重な情報を公開するのだ。

会社のソーシャルメディア用ガイドラインを作ろう

ソーシャルテクノロジーのポリシーとガイドラインが必要なのは、アメリカ国防総省のように巨大な組織だけではない。数人しかいない小さな組織であっても、テクノロジーを最大限に活用する方法を組織内の人々が理解できるようなガイドラインを持つべきである。

ACTION あなたが属している組織のガイドラインを作成しよう。役員や人事、法務、広報などの代表者でチームを作り、IBM、オーストラリア最大手の通信会社テルストラや、イギリス政府、アメリカ国防総省といった組織のガイドラインを入手して内容を学ぼう。多くのガイドラインは、インターネットで探すことができる。これらを基にして、自社にとって適切な独自のガイドラインを作成しよう。すべての従業員が読めるように公開し、ソーシャルテクノロジーの使用方法について語り合い、そのための企業文化を築き上げよう。

CHAPTER 7

CHAPTER7

新しいカテゴリーを作ってしまおう

iTunesストアには、オルタナティブ、クラシック、ヒップホップ／ラップ、ロックなど20以上もの音楽カテゴリーがある。たいていのバンドは、そのうちいずれかのカテゴリーに当てはまる。レッド・ツェッペリンは「ロック」で、テイラー・スウィフトは「カントリー」である。だが、グレイトフル・デッドは、既存のカテゴリー分けに逆らった。多様なジャンルの音楽を組み合わせ、極端な即興スタイルの演奏でユニークなサウンドを作り上げ、結果的に独自の音楽カテゴリーを作り上げたのだ。

バンドの初期の頃、グレイトフル・デッドは作家のケン・ケイシーと組んで、彼の「アシッド・テスト」というパーティで演奏した。これは観客がただ音楽を聴くようなふつうのコンサートではなく、LSDをやりながら、参加者自身もパフォーマンスに加わってほかの参加者を楽しませなければならない。人々が集まってパフォーマンスに参加するこの伝統は、その後グレイトフル・デッドが大きく成長してからもずっと続いた。ステージでのパフォーマンスだけでなく、いっしょにライブを楽しんでいる観客からも楽しませてもらえるのが醍醐味である。

グレイトフル・デッドは、その初期からジャズ、カントリー、ブルーグラス、サイケデリック、ロックが融合したリフと即興の長いジャムセッションで知られていた。ジャンルが融合した結果、規定のカテゴリーには当てはまらなくなったので、バンドのファンたちは「ジャム・バンド」という新しいカテゴリーを作り、フィッシュのようなバンドがグレイトフル・デッドの後に続いた。

グレイトフル・デッドは音楽ジャンルの境界を超えて独自のサウンドを作り出し、他のバンドとは異なる存在になった。

数ある音楽ジャンルの境界を飛び超えたグレイトフル・デッドは、ローリング・ストーンズ、ビートルズといった当時のロックバンドのなかで異色の存在になり、最後までそのユニークさを維持した。

グレイトフル・デッドは、バンドにくっついて全国を旅する熱心なファンを引き寄せ、完全なサブカルチャーを作り出した。このサブカルチャーには、ファッション、〝オルタナティブ〟なライフスタイル、慣習、独自の用語（メロディがないぼんやりしたギターソロは「スペース」、ドラムソロは「ドラムス」、ライブを録音するファンは「テーパー」と呼ばれた）などがあった。音楽のみならず、このサブカルチャーとファンがプロダクトの一部になり、新たなファンを魅了したのである。

MARKETING LESSON FROM THE GRATEFUL DEAD

これまでにないカテゴリーを作ってしまえ

どの業界にも、よそのまねをして行動するので、ほかとほとんど見分けがつかない会社がたくさんある。そんなふうに群れてしまってはいけない。ライバルと競争するのではなく、グレイトフル・デッドのように、新しいジャンルを作ってしまえばよいのだ。

既存の業界の枠のなかだけで取り組みを始めると、ほんのわずかな市場シェアを獲得するためにものすごくたくさんのお金をかけなければならない。ジャンル分けを変えてしまうような商品や企業が現れると、ほかと区別がつかないような商品を提供している会社はあっという間にシェアを失い、倒産してしまうこともある。レンタルDVD大手のブロックバスターがいい例だ。ブロードバンド回線が普及し、ケーブルテレビ会社やネットフリックスのようなオンラインDVDレンタルの会社が「欲しいときにいつでも映画を見られる」サービスを提供していったのに、対応できなかったのだ。

ライバルがいない新しい市場を作るためには、グレイトフル・デッドのように常識を無視すればよい。

新しい投資家のカテゴリーを作り上げたYコンビネーター

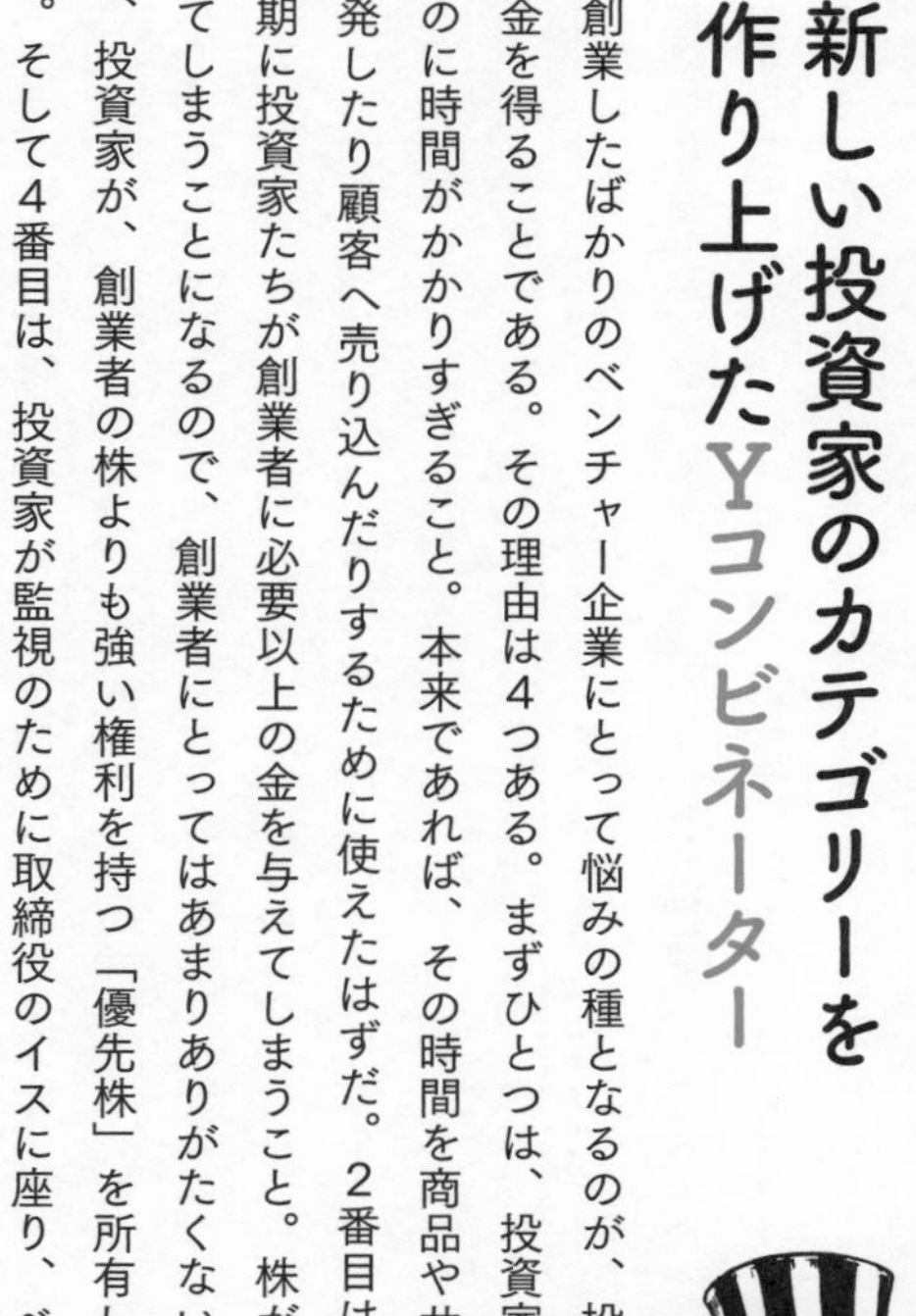

創業したばかりのベンチャー企業にとって悩みの種となるのが、投資家から資金を得ることである。その理由は4つある。まずひとつは、投資家を獲得するのに時間がかかりすぎること。本来であれば、その時間を商品やサービスを開発したり顧客へ売り込んだりするために使えたはずだ。2番目は、起業の早期に投資家たちが創業者に必要以上の金を与えてしまうこと。株が希薄化されてしまうことになるので、創業者にとってはあまりありがたくない。3番目は、投資家が、創業者の株よりも強い権利を持つ「優先株」を所有したがること。そして4番目は、投資家が監視のために取締役のイスに座り、ベンチャーの創業者にかわって決定を下したがることだ。これらの問題があまりにも大きくて、ベンチャー会社は資金を得られなかったり、資金を得た後に崩壊したりしてしまうことが多い。

ベテランのベンチャー起業家であるポール・グレアムはこうした問題に気づき、Yコンビネーターという新しい会社を設立して、創業したばかりのベンチャーに少額の創設資金を提供する新しいアプローチを始めた。創設資金が欲しいベンチャー起業家は、これまでのように投資家へアプローチするために「ドッグ・アンド・ポニー・ショー」と呼ばれる大掛かりなプレゼンを実施するのではなく、Yコンビネーターのサイトをクリックして、簡単なオンライン・フォームに記入する。Yコンビネーターは、応募のなかから将来性がありそうなベンチャーを会議に招き、投資の決定を即座に下す。これにより、創業者が資金を獲得するためにかかる時間は短縮され、よりよい製品を開発したり、マーケティングと営業に費やすための時間を増やすことができる。

Yコンビネーターは、1社ずつ投資するのではなく、たくさんの企業をひとつにまとめた「バッチ」に対して、1年に2回投資する。このバッチに含まれる企業は数が多いので、1社に対する資金は典型的なベンチャー投資よりも少額になる。だが、いろんな業界で会社を立ち上げるためのコストは下がっており、「新しいアイディアを試す」だけなら少額で十分なのだ。それでうまくいかなければ、会社をたためばよい。典型的なベンチャー投資が創業者の株式を20%から50%希薄化するのに対し、Yコンビネーターの投資は通常2%から10%の希薄化ですむ。また、Yコンビネーターが購入するのは、起業家と同様に優先株ではなく普通株であり、あらかじめ付けられた条件がとても少ない。

Yコンビネーターは、投資を「監視」するために取締役の座を要求するのではなく、創業者たちをサンフランシスコに呼び寄せて、大学のベンチャー経営学の授業のようなセミナーや研修を受けさせ、2カ月間みっちり鍛える。この厳しい訓練は若い起業家にはぴったりのもので、しかもちょうどよい程度の干渉である。

Yコンビネーターは、ふつうの投資家とは非常に異なるものを起業家に提供しており、グレイトフル・デッドの音楽ジャンルのように、従来の「投資家」の枠に当てはめることが難しい。Yコンビネーターも、伝統的な業界の境界線を無視して独自のカテゴリーを作り出したのである。

業界の境界線を書き換えよう

どんな業界でも、Yコンビネーターのように、ライバルとは違うカテゴリーを確立するような、新しいビジネスのやり方を編み出すことができる。Yコンビネーターは、これまでの投資家のやり方が創業したばかりの会社を援助できていない状況を考慮して、まったく新しいカテゴリーを作った。そして、そのカテゴリーはたくさんの会社を引き寄せた。あなたの業界でも同じことができるかもしれない。

ACTION 業界の境界線を引き直すのは簡単なことではない。そのためのヒントを提供しよう。

業界にいるライバル企業についてだけ考えるのではなく、自社の商品やサービスに「取って代わるもの（オルタナティブ）」は何かも考えてみよう。いくつかのオルタナティブを合体させたり、組み合わせたり、競わせたりすることで、従来の境界線がガラッと変わってしまうかもしれない。

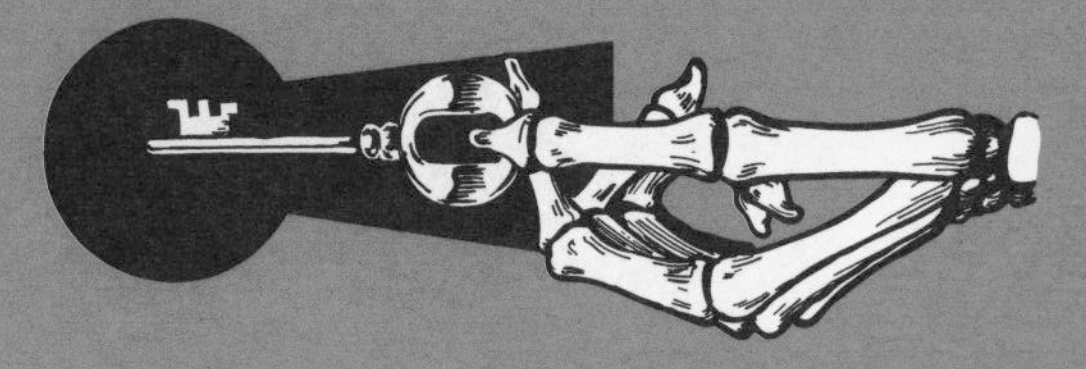

PART TWO

THE FANS

CHAPTER
8

CHAPTER8

変わり者でいいじゃないか

一度でもグレイトフル・デッドのライブに行ったことがあれば、その独特な体験がよく分かるだろう。派手な演出もなくあっさりとライブが始まることや、ビルボードのヒットチャートにのる曲がないこと、温かいコミュニティの雰囲気、そして何千人もが吸うマリファナの濃い煙。すべてが独特で、他に類を見ないものだが、何もかもが変わっているのに、奇妙に心地よく満足できるのだった。

初めてライブにきた人は、「なんでステージに上がる前にチューニングしないの?」、「ドラマーがふたりいる?」、「途中で30分も休憩があるのか?」、「さっきの曲は17分も続いたぞ」と言う。もちろん、会場の向かいの駐車場で起こっていることにも驚く。「見て、絞り染めの靴下なんかあるよ」、「なんで警官はマリフアナを吸ってる連中を逮捕しないんだ？」、「みんな笑顔だね（警官まで！）。なんてハッピーな集団なんだろう」。

グレイトフル・デッドは、自分たちが変わり者でいることで、ファンにも風変わりであることを奨励し、クリエイティブに表現する機会を与えた。

グレイトフル・デッドのファンは変わり者が多かったが、それを受け入れてくれる温かい雰囲気があるライブを、自己表現の場として利用した。一部のダイハードなファンは、年中「ヒッピーの衣装」を着て、ヒッピーの象徴のようなフォルクスワーゲンのミニバスを乗りまわし、みんなで集まってコミューンで暮らしたが、大部分のファンは近所でライブが開かれたときだけ「シーン」に足を踏み入れた。ふだんは絞り染めの服をタンスにしまって、名門大学の授業を受けたり、ウォール街で債券取引の仲買をしたり、大手新聞社で記事を書いたりしていた。つまりアメリカでは、ご近所や、自分の会社や、友人のなかにふつうにデッドへッズがいるのだ。ライブは、ファンが自分を表現し、リラックスし、祝い、踊り、交流し、楽しむことを許してくれる場だった。そして、ファンにとって最も重要なのが、自分と考え方の似た人々が集まる場の居心地の良さだった。

他人とは異なる自分でいたい人を狙え

MARKETING LESSON FROM THE GRATEFUL DEAD

当たり前とされている常識に挑戦したり、一見すると奇妙な製品を開発したりする発想が、マーケティングの戦略として大成功をもたらすことがある。他社をまねした商品ばかりがあふれているので、こうした「例外的な存在」であることをアピールする戦略がうまくいくのだ。

独自性を重視する人たちが、これからお客さんになってくれると考えてみよう。特に注目すべきなのは、他人とは違う「例外的な存在」になるために、お金をさらに払ってくれる人がけっこう多いということだ。アップル・コンピューターは、ライバルの製品よりも高いが、ファンは喜んでお金を払う。マーケティングチームは、アップル製品を買う人の「ひととなり」を非常によく理解している。アップル社は、グレイトフル・デッドのように熱烈なファン層を持っているのだ。そして、グレイトフル・デッドのライブがほかのバンドとは違うように、アップルの販売店もほかとはまったく違う。支払いのレジはなく、店内は整然としている。少しだけある製品の棚は店の裏に隠されている。親切な従業員が製品の技術的なサポートをしてくれて、お客さんが（アップルのように）風変わりになるのを手伝ってくれる。

いまだに多くの会社は、市場ですでに地位が確立しているトップ製品に直接競合するものを開発し続けている。他人とは異なりたいと願う人々の要求に応えるのではなく、ライバルとまったく同じ製品を提供したり、あるいは同じだけれども少し安いものを出したりするのだ。

私たちは、ある意味ではみんな変わり者なのだ。賢い会社は、変わり者を理解し、そこから市場を作り出す。

「変わり者」にもいろいろある。コンピューターバッグやバックパックが流行っているときに、変わり者は、オールドファッションな革のブリーフケースを使うことにこだわる。お天気のよい週末に、うす暗い部屋で6時間もテーブルトークRPGの「ダンジョンズ&ドラゴンズ」なんかをしている。50カ国以上から200以上のチューインガムの包装紙を集める。テレビを観るのではなく本を読む。車を運転するのではなく自転車に乗る。僕も、あなたも、実は変わり者だ（グレイトフル・デッドのマーケティング本なんて、めちゃくちゃ変わった本を読んでいるじゃないか!）。

つまり、変わり者は膨大な市場なのである。

ファットでハッピーな
ニュー・ベルジャン醸造会社

たいていの人は、ビールなんか冷えていればいいと思っている。だから、アンハイザー・ブッシュやミラー・クアーズといった大企業の銘柄で十分満足している。けれども、変わり者は人とは異なるものを探し求める。例えば、コロラド州フォート・コリンズ市にあるニュー・ベルジャン醸造会社の「ファット・タイヤ・アンバー・エール」のような、とても変わったビールがそうだ。ファット・タイヤという名前は、創業者のジェフ・レベッシュがベルギーの醸造所を自転車で訪ねまわった旅にちなんでつけられた。そこでレベッシュが学んだのは、ベルギーのビールがドイツやイギリスのものよりもバラエティに富んだ材料（フルーツ、スパイス、イースト菌）を使っていることだった。ファット・タイヤは、奇抜な名前に引かれる人や、興味深い味を歓迎するファンを獲得した。

この変わったビールを好む変わり者へのファンサービスとして、ニュー・ベルジャン社は毎年「ツール・ド・ファット」という自転車パレードとフェスティバルを主催する。2010年のツール・ド・ファットの案内は次のようなものだ。

皆の衆。自転車の好ましい社会貢献について良い噂を広めるために、ツール・ド・ファットは今年もまた、ぶらぶらと、西部13の都市を魅了する旅に出ます。都市に住む「内なる自転車乗り」を引き出すわれわれのずば抜けた才能に加え、2010年は、かつてないほど壮大で最高に楽しい自転車フェスティバルを催し、メッセージをさらに広める所存です。このリバイバルで自転車乗りが増えますように！

そして、次のツール・ド・ファット十戒に従って楽しまれますように。

1. 自転車以外の交通手段を優先しないこと
2. 他人の自転車を、敬意を持って扱うこと
3. 年齢制限なし。何歳でも歓迎
4. 観客ではなく、参加者として来ること
5. 酒の持ち込み禁止
6. ニュー・ベルジャン社は利益を得ない
7. 目標を忘れないこと。そして、ワンちゃんは連れてこないこと

8．善意を持って過ごすこと
9．早起きすること
10．他人の自転車を盗まないこと

ニュー・ベルジャン醸造会社も、グレイトフル・デッドのように、商品のファンの活力に満ちたコミュニティを作り上げた。変わり者のコミュニティは、ツール・ド・ファットのようなスポーツイベントや醸造所のツアーで集合する。また、ソーシャルネットワークのサイトでは「われわれの愚行に従え」と変わり者たちに呼びかけた。ニュー・ベルジャン社は、変わり者のための商品とコミュニティを作ることで、1991年の創業からわずかの間に急成長したのである。

変わり者を育てよう

グレイトフル・デッドのファンは、自分が好きなバンドのことを他人に伝えたくてたまらない。このように、何かに情熱を抱いている人は、それについて熱っぽく語るものである。だから、変わり者が引き寄せられ、ほかの人に情熱的に伝えたくなるような独自の体験を作り上げればよいのだ。

ACTION ウェブサイトに個性を取り入れよう。そして、ライバルに似ている、退屈なコンテンツを外そう。会社のウェブサイト、ブログ記事、メールマガジンなどは、業界のどのライバルとも似ていない、独自のものを目指そう。よそと違えば目立つ。変わり者にアピールするビデオ、ブログ記事、写真などを提供し、それを積み重ねてゆこう。

9

CHAPTER9

ファンを「冒険の旅」に連れ出そう

グレイトフル・デッドは、バンド活動を始めてまだ間もない1960年代半ばから、後にデッドヘッズと呼ばれるようになる音楽ファンのコミュニティを築き上げてきた。バンドの初期には、ジェリー・ガルシア、フィル・レッシュ、ビル・クライツマン、ロン・〝ピッグペン〟・マッカーナンが、サンフランシスコ市アッシュベリー・ストリート710番地でいっしょに住んでおり、いつでもそこにヘイト・アッシュベリー近辺のヒッピーたちが出入りしてパーティしていた。この成長の時期に、サンフランシスコ界隈で多くの無料のギグ（ミニライブ）を行い、好きな音楽を友人といっしょに楽しむことに喜びを覚えていた。これが、新しいコミュニティの芽生えだったのだ。

1967年に最初のアルバム「ザ・グレイトフル・デッド」がワーナーブラザーズからリリースされた後、彼らはアルバムの宣伝のために全米ツアーをし、新しい土地でグレイトフル・デッドの音楽に初めて触れた人が新たにファンになっていった。人気が高まるにつれ、新しいファンを、故郷のサンフランシスコでできた精神的なつながりの深いコミュニティにどう招き入れてゆくか悩むようになった。そこで、1971年10月のライブアルバム「スカル・アンド・ローゼズ」に、次のような案内を入れた。

デッド・フリークよ団結せよ
君は誰なんだ？　どこにいるんだ？　そして元気でいるか？
住所と氏名を送ってくれたら、バンドの情報をいつも通知してあげるよ。
Deadheads, P.O. Box 1065, San Rafael, California 94901

こうして集まった住所のリストに、バンドのツアー日程や、グレイトフル・デッドの「ファミリー」についての近況（メンバーのソロ活動、ツアーのクルーや事務所の社員などの結婚式や子供の誕生など）を知らせる会報が年に何度か送られた。この会報は、ファンへの単なる状況報告だけでなく、インターネットのソーシャルネットワークがない時代に、何千人もの人々をひとつにまとめたのである。会報によって、ライブでファン同士が会ったり、共通の興味を分かち合ったり、近日開催されるイベントについて知ったりして、コミュニティの一員であることを実感できた。フェイスブックの創業者マーク・ザッカーバーグがまだ生まれてもいない時代に、すでにソーシャルネットワークのような感じだった。後に会報は電子メールになり、1990年代半ばには購読者は50万人に達していた。

デッドヘッズはもちろん音楽が好きだ。けれどもグレイトフル・デッドのコミュニティは、デッドヘッズにとって音楽以上の意味がある。ともに成長し、音楽と精神の面で固い絆を共有する仲間であり、友情なのである。町から町へ、数カ月に及ぶツアーに付き添って旅をした何百人ものファンもいた。このコアグループは、フォルクスワーゲンのミニバスで旅をし、ライブ会場の駐車場でぶらつき、夜はキャンプした。20年以上同じ顔ぶれの仲間とライブに行くファンもいる。ライブの前や休憩時間にビールを飲みながら近況を尋ね、それぞれの仕事、子供、結婚（そして、いくつかの離婚）を報告し合う。素晴らしい音楽を与えよい気分にさせてくれるのがグレイトフル・デッドで、ツアーのキャラバンは友達と共有する「冒険の旅」なのである。ライブでは、古くからの友情をあたため直すだけではない。フレンドリーで寛容なデッドヘッズ同士は、出会ったばかりでもすぐに友情を育てる。

グレイトフル・デッドは、「グレイトフル・デッド体験」が何であるかを、ファンに決めさせた。ファンを自分たちといっしょに旅する対等なパートナーとして扱ったのだ。

グレイトフル・デッドのファンであれば、僕たちのいう「旅」やグレイトフル・デッド体験を共有することで生まれる親密な絆が理解できるはずだ。そこでここでは、僕たちが体験したいくつかの記憶に残る出会いを紹介させていただきたい。デッドヘッズであれば、このような独自の体験がすでにあるだろう。そうではない人でも、みんなの思い出がどんなものか、その一端に触れてほしい。

1981年3月2日、オハイオ州。僕（デイヴィッド）は、クリーブランド・ミュージックホールで行われるグレイトフル・デッドのライブに行くため、友人たちといっしょにケニヨン大学から州間高速道路71号線を運転していた。途中のさびれた休憩エリアに止まったところ、そこで1年も会っていなかった故郷のコネチカット州の友人ジムとばったり出くわした。ジムもまた、オハイオ・ウェスレイヤン大学の友人たちとライブに向かう途中だったのだ。僕たちは、グレイトフル・デッドのおかげで偶然再会したことに運命的なものを感じて胸を熱くし、笑顔で抱き合った。そして、互いにバンドへの絆をさらに深めた。グレイトフル・デッドは、ふつうならば交流がない人たちの絆を新たにしてくれるのだ。

1983年10月11日、ニューヨーク市。大学を卒業した僕（デイヴィッド）は、ウォール街の債券取引デスクとして働いていた。この日は、友達のメイソンといっしょにマディソン・スクエア・ガーデンでグレイトフル・デッドのライブを見ることになっていたが、下っ端社員だったので目立つのを恐れて職場では内緒にしていた。僕たちはふたりともスーツ姿で、これは1980年代から90年代に都市で開催されたウィークデーのライブではよくあることだった。そこで僕が見かけたのは、あまりにも地位が上すぎて直接声をかけたことがない、職場で非常に尊敬されているトレーダーの姿だった。しかも彼は、ジーパンと絞り染めのTシャツを着ているではないか。「あなたはデッドヘッドだったんですか?」と驚く僕に、そのトレーダーは笑ってハイタッチをしてくれた。それ以来僕たちは同じ趣味を持つ友人になったのである。職場のほかの人が知らない趣味を共有する、ある種の秘密結社のようなものだ。このように、グレイトフル・デッドのおかげで、ふつうなら存在しないような絆ができ、しかも固いものになるのである。

2009年4月18日、マサチューセッツ州ウースター市。僕(デイヴィッド)は、クルマのステレオで何年もグレイトフル・デッドを聴かされ続けてきた妻とティーンエイジャーの娘を、初めて「デッド」のライブに連れていった。グレイトフル・デッドのチケット・オフィスから獲得した、ステージから7列目の席である。休憩時間に妻と娘を連れてTシャツを買いにいこうとしたら、なんとそこに(共著者の)ブライアンがいるではないか。友達といっしょに前から3列目の席にいたのだという。

デッドヘッズはこうしてあらゆる所で会い、同志愛を分かち合う。

MARKETING LESSON FROM THE GRATEFUL DEAD

親密な絆を作る冒険の旅に招待しよう

グレイトフル・デッドのライブは、楽しい時を過ごしたり、友人と会ったり、素晴らしい音楽を味わったり、日常から逃避したり、仲間意識を持ったりすることである。ライブが何を意味するのかは、それぞれのファンによって少しずつ異なる。そうしたファンの集まりが、まるごと「グレイトフル・デッド体験」なのである。例えば、有名なローリング・ストーンズのように、ロックの神様たちは派手な衣装でステージに立ち、毎晩まったく同じ完璧なショーを提供する。もちろんそうしたバンドのライブも楽しいが、そこではミュージシャンは近寄りがたい「スター」である。だが、グレイトフル・デッドは、外見もやることも、僕たち観客とそう変わらない。失敗もした。グレイトフル・デッドがステージで明らかな失敗をすると、観客はそれを面白がった。歌詞を忘れると、観客とミュージシャンは苦笑を交わし合ったものである。グレイトフル・デッドも、僕たちのように完璧ではないのだ。だからファンは、ステージ上を気取って歩くローリング・ストーンズのミック・ジャガーに対しては覚えることがない、特別な「兄弟愛」を感じたものである。

「冒険の旅」は、グレイトフル・デッド体験において大きな割合を占める。そして、そこには面白いサブグループがいくつかあった。よくライブに来ていたのが、音を聴くことはできない「デフヘッズ」と呼ばれる聴覚障害者たちのグループで、彼らは手に持った風船の振動で音楽を感じるのである。誰でもあたたかく受け入れるデッドヘッズのコミュニティは、「ハロー」と呼びかける手話をみんなで学んだ。ほかには、「スピナーズ」というグループがあり、会場で少しでも空いているスペースがあると、音楽に恍惚としながら、くるくるとスピンするのである。よくみかけるこの光景には、誰もが微笑まずにはいられなかった。スピナーズの存在に気づいたグレイトフル・デッドは、彼らがよくスピンしている辺りにスピーカーを設け、音質の良いサウンドを楽しんでもらえるようにした。スピナーズたちを、外れ者ではなく、旅の道連れに選んだのである。

コミュニティこそが、自分たちが何者であるかを決める。企業は自分たちの考えを顧客に押し付けることはできない。

コミュニティが育ってゆく過程で、グレイトフル・デッドは自分たちのイメージを押し付けることなく、それをファンに任せた。これは一般的ではないやり方だが、実は非常にうまくゆくことが多い。逆に、組織に「指揮統制」の雰囲気があって「社訓」や上意下達のシステムで社員が縛られると組織は成長できないし、決まり文句やPRキャンペーンで自分たちが決めたイメージを顧客に押し付けると戦略は裏目に出る。

バートン・スノーボードの冒険の旅

ジェイク・バートンは、ロープのハンドルが付いた雪用の小型サーフボードである「スナーファー」をあれこれいじりまわしているうちに、ある名案を思いついた。そして、スナーファーのような板にスキー・ブーツを固着させ、「スノーボード」を初めて開発した。スノーボードへの関心が爆発的に高まっ

た1977年には、バーモント州に世界初の専用工場を作った。バートンが作ったのは会社だけではない。グレイトフル・デッドの教訓から学んだ彼は、コミュニティを作り上げ、顧客を30年以上にもわたる旅に連れ出したのである。スノーボード初期の時代、スノーボーダーたちは「スキー専用」リゾートでリフトに乗ることを禁じられていた。バートンと、できたばかりの熱心なコミュニティが懇願し続けた結果、1980年代初頭には、有名なスキー場のいくつかでスキーヤーと同じようにスロープを使えるようになったのである。

スノーボードは、アンダーグラウンドの草の根的なビジネスとして始まったのだが、情熱的なスノーボーダーたちがコミュニティを作り上げたおかげで、世界中に広まっていった。1982年には、スノーボーダーが自分たちのために始めた全米オープン大会が成功を収め、スポーツとして広く認められるようになり、さらに多くのスキー場で受け入れてもらえるようになった。

33年後、世界最大手スノーボードメーカーのオーナーとなったバートンは、今でもできる限りスノーボードをしており、年に100日は滑るという。これは、グレイトフル・デッドのツアーとほぼ同じ日数だ。バートンは自社の新製品を試したり、ほかのスノーボーダーたちと滑ったりしながら、なによりも重要なことに、それを楽しんでいる。デッドヘッズのようなファンが口コミを広めたので、スノーボーダーのコミュニティも急速に大きくなった。オリンピックで初めてスノーボード競技が行われたのは1998年の長野大会で、何人かの選手がバートンのボードでメダルを獲得した。

バートンは人生をスノーボードに捧げ、彼のおかげでその知名度は格段に上がった。だが、スノーボードをメインストリームのスポーツにしたのは、コミュニティである。最初のうちは、ほんの数千の愛好者が始めただけだった。だが、すぐに全世界で何百万もの人々が、友人や同僚、家族たちに、スノーボードがどれほど素晴らしいスポーツかということを熱っぽく語り出した。スノーボードを使っているスノーボーダーのショーン・ホワイトは、今日世界で最もよく知られているアスリートのひとりである。

マーケティングのメッセージをコントロールしようとするな

熱心なファンに冒険の旅についてきてほしいのであれば、思い通りにコントロールしようとするのをやめなければならない。

自社について、何を、どのように語るのかまで指図するのではなく、コミュニティに任せてしまおう。例えば、ブロガーや、動画をユーチューブに投稿している人、ソーシャルメディアで活躍している人などと手を組んでみる。製品の無料サンプルや、サービスのお試しを提供して、それらについて書いてもらう。または、ブロガーを招いて社員と会わせたり、CEOや製品デザイナーを取材したりしてもらおう。ほかの人があなたの会社について考え、語るほうが、コミュニティができる可能性が高くなる。もしコミュニティが生まれたら、グレイトフル・デッドがスピナーズのためにスピーカーを設置したように、ぜひそれを温かく受け入れ、援助しよう。

　コミュニティに飛び込んで、ファンと対等に交流しよう。ジェイク・バートンやグレイトフル・デッドのように、僕たちも講演やディスカッション、ツイートアップ（ツイッターのオフ会）などで年に100日はコミュニティで過ごす。

ACTION 企業の印刷物やウェブサイトから理解不能で無意味な表現や決まり文句を取り除き、一方的なメッセージを押し付けるのをやめよう。そのかわりに、インターネットで自社について好意的に語ってくれる人のブログなどのリンクを、自社サイトに張って紹介してみよう。そして、自分からコミュニティに入っていって、定期的にみんなと交流しよう。

CHAPTER 10

CHAPTER 10

最前列の席はファンにあげよう

僕たちのようなロックファンなら、グレイトフル・デッド以外にもいろんなライブに行ったことがあるだろう。インターネットがなかった時代には、人気があるライブのチケットを獲得するために、販売開始となる午前10時より何時間も前から、チケット販売店の前に並ばなければならなかった。あるいは、午前10時から専用ダイヤルに電話をかけて、運良くつながればチケットを購入できた。ところが、チケット販売システムが電子化されてからは、ダフ屋がひきょうな手を使って人気バンドの良い席を買い占めてしまい、ファンの手には渡らなくなった。つまり、本当にそのバンドのファンである人たちが、最前列の席を獲得することがほぼ不可能になったのだ。

だが、ほかのバンドとは異なり、グレイトフル・デッドはライブのチケットを自分たちで管理している。電子チケットシステムを使う販売会社に委託するバンドが増えていったなかで、１９８０年代初めに独自のチケット代理店を立ち上げたのだ。

グレイトフル・デッドのユニークなチケット販売システムは、口コミのネットワークを生んだ。「グレイトフル・デッドのライブで良い席が欲しいの？　バンドから直接買えるんだよ。僕、電話番号を知ってるよ！」。特別な電話番号にファンが電話をすると、ツアーの情報と、カリフォルニア州サン・ラファエル市のチケット販売オフィスに郵便為替と申込書を郵送する方法を、音声メッセージで伝えてくれる。郵便局に行って郵便為替を買い、申込書を郵送するという手順を知っていて、その手間を惜しまないファンだけが、一番良い席を得ることができた。ほとんどのライブで、多くのチケットが会場のチケット売り場と電子チケット販売システムを通して販売されたが、一番良い席は常にグレイトフル・デッドの最も熱心なファンの手に渡ったのだ。

グレイトフル・デッドは、ツアーの情報をファンに真っ先に知らせ、最も良い席を取れるようにし、その忠誠心を駆り立てた。

僕たちは、グレイトフル・デッドの時代も、ガルシアが亡くなってからのザ・デッド、ファーザー、ラットドッグ、フィル・レッシュ・アンド・フレンズでも、このチケット販売システムを使っている。ふつうの人が知らない秘訣を知っているという感覚はなかなか特別なものだ。今日のデジタル世界では、ツアーの情報はウェブサイト（www.gdtstoo.com）とメールを通じて通知されるが、チケット処理の方法は今でも同じである。

申し込みのときに同封した返信用封筒がチケット・オフィスから届くと、いまだに興奮を覚える。特別扱いされている嬉しさがあるのだ。待ちに待った封筒には、ミステリーが潜んでいる。僕の席はどこだろう？　今回は良い席を取ることができただろうか？　チケットの割り当てには、申し込んだ日付が関係していることは間違いないが、それ以外は誰にも解明できない謎がある。僕たちはシステムの初期の頃からチケットを購入し続けているが、いまだに割り当て方法がよく分からない。熱心なファンはあれこれ推察する。「無作為なのだろうか?」、「それぞれのファンがこれまでに何枚チケットを買ったのか把握しているのだろうか?」、「申し込み封筒に手のこんだイラストを描くと前のほうの席が取れるって本当だろうか?」。まあ、たいていは、運のようである。

ときおり、素晴らしい席が手に入ることがあるし、やや後ろのほうの席のこともある。しかし、外部のチケットサービスを通じて買った〝二級市民〟たちよりも良い席であることは間違いない。僕たちは、何度か中央最前列の席を獲得したことがある。封筒を開けて、夢にまで見た席を見つけたファンの心情を想像してみてほしい。ファンへの徹底的な特別扱いが、何十年にもわたって、情熱的なコミュニティとバンドへの忠誠心を駆り立ててきたのである。

MARKETING LESSON FROM THE GRATEFUL DEAD

忠実なファンを大切にしよう

グレイトフル・デッドは、顧客や消費者に対し、配慮と敬意を持って接することを教えてくれる。だが、多くの企業は、新しいお客さんを獲得しようとする一方で、昔からの忠実なお客さんを最優先するのではなく、無視している。ビジネスを成長させるのは大賛成だが、既存の顧客や消費者の気持ちを犠牲にしてはならない。

情熱的なファンが、会社や製品のことをほかの人に話し、そのアイディアを広めてくれる、ということを忘れてはならない。情熱的なファンは、何年も繰り返し自社の商品を買ってくれるのだ。

配慮と敬意を持って顧客や消費者に接することこそ、情熱的なファン層を築く秘訣だ。

定期購読している雑誌や契約しているケーブルテレビの会社が、新しい顧客を獲得するために割引価格をつけることは多い。既に定期購読している忠実な客が年間29・95ドルも払っているというのに、同じ雑誌を新たに定期購読する場合は

9・99ドルでよいというのは、どう考えても道理にかなっていない。ケーブルテレビも、最初の3カ月を無料にしたり、割引料金にしたりしているが、その後契約を継続すると料金が上がるのである。これも変な話だ。こういった割引を提供する企業は、忠誠心のある顧客を遠ざけてしまう。

重要なのは価格だけではない。たとえば、グレイトフル・デッドは、いつもチケットの販売を真っ先にファンに知らせた。ライブで良い席を確保するためには、バンドの動きを常に追い、公演スケジュールを知っていなければならないので、ファンの忠誠心は強くなった。

新しい特別価格やサービスの情報を、真っ先にメディアに知らせる企業は多い。自分が運転しているクルマの最新モデルが出たときに、自動車メーカーや販売店から知らされるのではなく、新聞や雑誌を読んで知ることがよくある。なぜ、メーカーや販売店は「ご愛顧いただいているお客さまに限定で」注目の新モデルの試乗会を開かないのか、僕たちは不思議に思う。忠実な客を無視するのは自動車メーカーだけではなく、ほかの業界でもよくあることだ。

企業はビジネスのやり方をひっくり返す必要がある。ファンである既存のお客さんを優遇し、情報を最初に知らせるべきだ。自社に対して時間とお金を費やしてくれている人に、「あなたは大切な方です」と知らせよう。

バラク・オバマとファンを最優先すること

２００８年８月23日の土曜日、アメリカ合衆国大統領候補のバラク・オバマは、自分が決めた副大統領候補を公表することになっていた。オバマ陣営が、テレビ局、新聞社、報道ウェブサイト、その他主流メディアにプレスリリースを通じて伝え、それを受けたメディアが即座に第一報を伝えるのがＰＲの常識である。

しかしオバマ陣営が行ったのは、予想外のことだった。

第一報は、メーリングリストやツイッターなどのソーシャルメディアで伝えられた。オバマの公式ツイッターアカウント@BarackObamaは、「ジヨーバイデンを副大統領候補に指名したことを発表。東部時間午後3時にBarackObama.comで最初のオバマとバイデンのラリーを観てほしい」とフォロワーに伝えた。オバマ候補の支持者は、主流メディアの10分も前にバイデンが選ばれたことを知ったのだ。つまり、オバマ陣営は、主流メディアではなく最も重要な支持者に最初に伝えたのである!(もちろん賢いジャーナリストたちも、ツイッターやメーリングリストでこのニュースを知ることができたわけだが)。

最も熱烈な支持者に対するこのような配慮が大統領選で役に立った。自分にとって最も重要な有権者を特別扱いするのは、グレイトフル・デッドにも通じる重要な考え方である。

ワシントンDCで開かれたオバマ新大統領の大統領就任祝賀会でザ・デッドが演奏したのも、オバマ大統領の当選とグレイトフル・デッドをつなぐ面白い逸話である。

最も忠実なファンに絞った企画をしよう

企業は、忠実なファンをどう育て、どう優遇するか、よく考えなければならない。その方法は、航空会社のマイレージサービスのように「正式」なものでなくてもよい。最新の情報を現在のお客さんに優先的に知らせるだけで十分な場合もある。また、新聞や雑誌、通信の会社がよくやっている、新しい顧客に割引価格を提供するようなやり方は、もちろん考え直すべきだ。

ACTION 忠実なファンを獲得したら、連絡が取れるようにその情報をデータベースに入れておこう。そして、ファンが喜びそうな、通常は手に入らないものを提供できないか考えてみよう。

忠実なファンのグループには、優先的にコミュニケーションを取ろう。次の新製品の発売前には、特別なイベントやカンファレンス、セミナーなどで情報を提供しよう。メディアよりも忠実なファンに真っ先に知らせるのだ。

CHAPTER
11

CHAPTER 11

ファンを増やそう

「口コミ」こそが、グレイトフル・デッドのファンが増えるのに役立った重要な要素である。友達が友達に伝え、それぞれがまた友達に伝えることでファン層が膨らんでいった。でも、インターネットがまだない時代に、どうやってライブの日程や最新情報、バンドの近況をファンに知らせたのだろうか？　グレイトフル・デッドのオフィシャルサイトやフェイスブックのファンページやツイッターで、ちょっとクリックするだけで最新情報を簡単に得られる今となっては、疑問に思うだろう。

グレイトフル・デッドは、外見からはビジネスについてまったく無知に見えるが、実際には先見の明があった。特にデータベースを作りファンとつながることなどは、今日の企業がすぐに応用できることだ。

1968年、グレイトフル・デッドはバンドのファンだったスコット・ブラウンをアルバム制作コーディネーターとして雇った。ブラウンは、メインの仕事であるアルバム作成のかたわら、すべてのチケット販売所に人を配置して、何千人ものファンに会員登録させた。前の章で紹介したように、バンドは1971年のアルバム『スカル・アンド・ローゼズ』で、「デッド・フリークたちよ、団結せよ！」と呼びかけたのだが、これをきっかけにしてファンクラブが成長したのである。

バンドがアルバムで会員登録を呼びかけ、ファンになってもらうようお願いするというのは、当時としては過激なアイディアだった。その後6カ月で、リストには1万2557人が加わった。これは、ヨーロッパにいる885人のファンも含んでいる。増え続ける会員を管理するために、バンドはその後すぐアイリーン・ロウを雇った。そして5年後、リストに登録されたファンの数は、アメリカだけで6万3147人にも膨らんだ。それをロウは名前と郵便番号で分類したのだが、パソコンが出現する前のことなのだからすごいものだ。

グレイトフル・デッドがファンへ会報を送っただけでなく、ファンもバンドに手紙やハガキ、イラストを送り、交流が生まれた。収集癖があるロウは、これらのやり取りをほぼすべて残しており、現在その大部分がカリフォルニア大学サンタクルーズ校のグレイトフル・デッド・アーカイブに保管されている。

グレイトフル・デッドは、音楽業界でいち早くデータベース・マーケティングを取り入れたバンドだった。

グレイトフル・デッドは、1970年代から年に2、3回会報などを郵便で送った。初期の会報はタイプライターで打ったもので、ファンへの個別の手紙も含まれていた。

1974年、グレイトフル・デッドは、ファンに『フロム・ザ・マーズ・ホテル』のアルバム発売を知らせる手紙を出し、ラジオ局に電話をかけてくれるように頼んだ。

「このアルバムは、きっと気に入ってくれるだろう。もしすごく気に入ったら、ラジオ局に電話をかけたり、レコード店に感想を伝えたりしてくれないか。どんな形でもいいから助けてくれるとうれしい」

バンドが成功するにつれ、会報も洗練されていった。手描きのイラストやバンドの近況についての記事も載るようになった。ファンのどん欲な好奇心を満たすために、メンバーについてのありとあらゆるニュースを知らせた。デッドヘッズは、ちょっとしたことをほかの人よりも知っているだけで自尊心がくすぐられることを、バンドは知っていたのだ。1980年2月の会報には、バンドメンバーの楽器について書いてある。

ジェリーとフィルは今、どちらも、ダグ・アーウィンによるカスタム・メイドのギターを弾いている。ボビーはいまでもアイバニーズを弾いていて、ビリーとミッキーは、ソナー・ローズウッド・ドラムとジルジャンシンバルを使っている。ブレントはハモンドB－3オルガンとヤマハ電気ピアノだ。

そしてもちろん、グレイトフル・デッドの熱心なファンのためにはホットラインがあった。いつ電話をしても、ロウのやさしい録音の声がツアーの最新情報とライブの日程を教えてくれるのだ。

インターネットが利用できるようになると、グレイトフル・デッドはまたもやいち早く導入した。オンライン掲示板のユーズネットにある「デッド・フレイムス」というニュース・グループに情報を流し、グレイトフル・デッドのオフィシャルサイトを立ち上げ、電子メールの会報を送った。

MARKETING LESSON FROM THE GRATEFUL DEAD

ファンと直接つながろう

マーケティングの担当者や企業の経営者なら、顧客のデータベースが宝物だということを知っているはずだ。ところが、企業はこの「資源」をうまく扱えていない。展示会で、自社の製品やサービスに興味がある人の名刺を集め、ファイルフォルダーに入れ、そして机の引き出しのどこかにしまい、忘れてしまう。あるいは、ウェブサイトで名前と電子メールアドレスの記入を求めておきながら、入力してくれた人に何の情報も送らない。もちろん、データベースに入れた名前と電子メールに対して、押し付け広告メールを送りつけ、相手を怒らせるのはもっと悪いことだけれども。

グレイトフル・デッドは、顧客や消費者と個人的なつながりを作り、連絡を取るために最新の技術を利用することを教えてくれる。

グレイトフル・デッドは、メーリングリストが貴重な資源だということをよく理解していたので、それを活用してファンにバンドの近況を伝え、ライブのスケジュールを知らせ、コミュニティを築き上げてきた。熱狂的なファンと直接交流するのは、革新的な方法であり、企業も同じように熱狂的なファンをつくることができる。

今の時代では、名前と電子メールアドレスを集めるだけでは足りない。携帯電話のメール、ツイッターのフォロワー、フェイスブックのファンなども集めなければならない。人々を引きつけるような素晴らしいコンテンツ、つまり、人間味があり、求めているものにぴったりくる、興味深い内容のコンテンツをたくさん作ることでファンになってもらうのである。

ファンが膨大な数になれば、本当の影響力を発揮する。グレイトフル・デッドのファンのリストは5年で50万人以上に膨らんだ。あなたも新しい製品やサービスが出るたびに、もっともっと多くの人に、さらに効率よく知らせることができるようになる。

ハブスポットはウェブサイト・グレーダーで「リーチ」を拡大した

僕（ブライアン）がCEOを務めるハブスポット社は、創業してすぐ「ウェブサイト・グレーダー」を開発した。これは、検索エンジン、ブログ、ソーシャルメディアサイトなどにおける自社サイトの見つかりやすさを1から100で採点し、向上するためのヒントを与えてくれる無料のツールだ。90もあればサイトに魅力があるということだが、スコアが低い場合はネット上で発見されにくいということであり、改良のために手を打たなければならない。ウェブサイト・グレーダーでは、任意で利用者にメールアドレスの記入を求めており、ここで得たメールアドレスはデータベースに入れている。

ハブスポット社は、ツイッターやプレスリリース、ブログについても同じような分析ツールを作った。そして、顧客の役に立つようなブログやオンラインセミナー、ホワイトペーパーやPDFを無料で提供することで、自社のソーシャルメディアを訪問してくれる「リーチ」を増やした。

この努力は報われた。２００８年10月に10万人強だった「リーチ」は、２０１０年２月には50万人を超えた。ツイッターのフォロワーは３万３０００以上になり、それに加えて社員にそれぞれ多くのフォロワーがいる。また、ビジネスに強いSNSである「リンクトイン」のグループには４万４０００人以上のメンバーがいて、ブログの購読者は２万７０００人以上、そしてメルマガの登録者は30万人を超えた。

増え続けるハブスポット社のリーチは、素晴らしい影響力を与えてくれる。例えばウェブでセミナーなどのイベントを発表するときには、メールを送り、ツイートし、フェイスブックのファンページとリンクトインのグループにお知らせを載せる。この影響力により、ウェブセミナーへの登録は、かつては2000人程度だったのだが、1万人へと急増した。リーチが増えることで、業界でのハブスポット社の影響力も増大するのである。

リーチを増やそう

サイトやブログなどを訪問して自社について知ってくれる「リーチ」を増やすためには、グレイトフル・デッドのように、業界で初期導入者（アーリー・アダプター）であるべきだ。もはや1990年ではないので、電子メールのデータベースにこだわるのではなく、視野を広げよう。リーチの対象として、ブログの購読者、ツイッターのフォロワー、フェイスブックのファン、リンクトインのグループメンバーなどにも焦点を当てよう。

ACTION　メルマガの登録者、ブログの購読者、ツイッターのフォロワー、フェイスブックのファン、リンクトインのグループメンバーの数が分かるチャートを作成しよう。その数を毎月チェックして、リーチを月に5％伸ばす目標を立てよう。

PART THREE

THE BUSINESS

CHAPTER 12

CHAPTER 12

中間業者を排除しよう

デッドヘッズは、グレイトフル・デッドのチケットをほかのバンドとはまったく違う方法で購入した。ホットラインに電話をかけると、録音メッセージがバンドからチケットを直接買う方法を教えてくれる。その方法とは、返信用の封筒とチケット代（4枚まで注文できる）の郵便為替を同封して、カリフォルニア州サン・ラファエル市の私書箱宛に送るというものだ。

グレイトフル・デッドがほかのバンドのようにチケットの販売を外部に委託せず、なんでこんなに手のかかることをしているのだろうと不思議に思うかもしれない。だが、チケット販売プロセスを最初から最後まで管理できるメリットは大きく、グレイトフル・デッドにとって革新的なやり方なのだ。

「直接販売」すれば、ブローカーやダフ屋がチケットの代金を勝手に水増しすることを防げるので、チケット代をファンの手に届く価格に保てる。つまり、この方法であれば、中間業者が法外な金を稼ぐことはないのだ。

グレイトフル・デッドは、中間業者を排除して、ファンにチケットを直接販売した。

チケット注文のプロセスを管理することにより、最も良い席が、ただちょっと興味を持っただけの人ではなく、最も熱心なファンの手に確実に渡るようにできた。ライブの情報を聞くためにホットラインに何度も電話をかけ、わざわざ郵便局までいって入手した郵便為替と返信用封筒を送るのは、ほかのチケット販売会社に電話をかけてクレジットカードで払うのと比べて、はるかにめんどうくさい。だが、熱心なファンはそうまでして良い席のチケットが欲しいものであり、こうしてグレイトフル・デッドは既存の熱狂的な顧客に対して最適化したのである。

このチケット販売プロセスのおかげで、グレイトフル・デッドが「偽りのない」バンドだという「ブランドイメージ」がさらに広まった。たいていのブローカーは、どのバンドのチケットも扱う。そんな事務的なブローカーに電話するのと違い、グレイトフル・デッドから直接チケットを買うのは、偽りも隠しごともなく安心できる。

チケット注文のプロセスを管理することで、精巧に装飾した独自のチケットを印刷することもできた。それはほかのチケット業者が用意するつまらない紙の券とはまったく違っていて、デッドヘッズが偽物をつかまされることも防止できた。

MARKETING LESSON FROM THE GRATEFUL DEAD

お客さんに直接販売しよう

ほとんどの業界は、生産者と顧客との間に（ブローカーのような）中間業者の層がひとつかふたつある流通モデルによって「成長」してきた。ブローカーは生産者よりも消費者に近く、地方でも「足を使って」営業してくれるので、こうした層は必要だった。だが、インターネットがこの考え方をひっくり返した。インターネットのおかげで以前よりも効率的に消費者とつながったりサービスを提供したりできるので、ブローカーのように消費者に近い場所にいることには、これまでのような価値はなくなったのだ。業界によっては、中間業者がうまく製品を組み合わせたり、サービスに付加価値を持たせたりできるメリットが今でもある。とはいえ、今日多くの業界では、中間業者はかつてのような価値を与えてはくれないのだ。

グレイトフル・デッドは、自分と顧客との間にある何層もの中間業者を取り去り、顧客を直接取り込むことを教えてくれる。

新しくビジネスを始める場合や、ブローカーまたは中間業者を使うのが常識になっている業界の場合では、グレイトフル・デッドがしたように、自分の「ビジネスモデル」を次のような観点から考え直し、直販に踏み切るかどうか検討してみよう。

直接販売すれば自社製品の価格を決める権限が手に入り、ブローカーに価格をつり上げられることはなくなる。価格が上がるとたいていの製品は販売数が下がるので、それは絶対に避けたいはずだ。

自社製品の需要曲線がどうなっているのかを見極めるには、複数の顧客集団に対して異なる価格を提示し、時間をかけてどこが分岐点なのか確かめるしかない。マーケティング担当者にとっては、利潤を最大にするために価格を上げたり下げたりして、理想的な価格設定を見極めることが重要だ。ブローカーを使うと、小売価格をあれこれ変えてもらうのは難しく、価格を実験する自由が限られてしまう。それに、価格を下げてみて効果があっても、たいていはその利潤をブローカーが吸い取ってしまう。

直販すれば、自社と顧客の間に割り込んでくる中間業者が、製品に付加価値を与えずにマージンだけ搾取するのを防ぐことができるのである。

グーグルは広告代理店の必要性をなくした

グーグルのアドワーズができる前、テレビ、ラジオ、新聞、雑誌、屋外広告に広告を出したい会社は、広告代理店に仲介を頼むのがふつうだった。マーケティング担当者にとってなぜ広告代理店が必要なのかというと、雑誌社や新聞社に直接電話しても得られない大幅なディスカウントを受けられるようなコネクションを持っているからである。

広告代理店のような専門業者は、注文を受けて、雑誌、新聞、テレビ局、ラジオ局などの1カ月分のメディア購入プランを作り上げる。そして、マーケティング担当者は、3、6、あるいは12カ月前にはスポットを購入し、印刷あるいは放映の数週間から数カ月前には広告を届けなければならない。

広告購入のコストは印刷物の購読者数やテレビ番組の視聴率を基にして決まり、視聴者が実際にその広告を見ているかどうか、あるいは広告の影響で行動したかどうかは関係ない。潜在的な顧客が誰で、何を求めているのかについて漠然とした想像はしているが、いろいろなテレビCM、コピー、見出しなどを試して、何がターゲットの関心を引くのかを実験するのは、お金がかかりすぎて不可能だ。

グーグルのアドワーズが始まって広告の購買プロセスは一新した。今や、マーケティング担当者は、ウェブでコンテンツを提供している相手から広告を直接購入でき、その広告のクリックに応じて料金を支払えばよい。マーケティング担当者は、中間業者としての広告代理店に頼ることなく、自社で広告を作成し、希望価格を決め、ものの数時間でオンラインに掲載することができる。

さらに、グーグルは透明性のある「見積もり」制度を提供することで、メディア業界にある二重価格（ブローカー価格と広告主への直販価格）を排除した。何百万ドルもの予算がある有名ブランドの広告であろうが、月の経費が数千ドルの家族経営会社の広告であろうが、グーグルは1クリックで同じパーセンテージを課金するのだ。

お客さんと直接つながろう

インターネットのおかげで顧客や消費者と直接つながることができ、マージンを搾取する流通チャネルにつきものの中間業者を取り除けるようになった。こうした層を排除することができたら、確保できる利益が増え、製品の価格と需要曲線をコントロールできるようになり、消費者に対して透明性を向上させることもできるようになる。

ACTION 今やインターネットによって、以前よりも安く効率的に製品やサービスを提供できる。製品あるいはサービスを、ブローカーや卸を通じて販売しているとしたら、その流通方法が得かどうか考え直してみよう。新しく事業を始める場合には、その業界で当たり前になっている流通の戦略を疑ってみよう。中間業者を使わないことで、その業界でトップを走っている企業を飛び越えることができるかもしれない。ブローカーや中間業者は、楽観的でいてはならない。製造業者にはできないようなユニークな価値を製品に提供できなければ、きっと困ることになるだろう。

13

CHAPTER 13

コンテンツを無料で提供しよう

ほかのバンドと違って、グレイトフル・デッドは観客によるライブの録音を奨励していた。ライブを録音するファンは「テーパー」と呼ばれ、彼らがなるべく高い音質で録音できるよう専用の場所がミキシング・コンソールの後ろに設置された。テーパーは、チケットを購入するときに専用の席をリクエストすることになっていた。

初めてグレイトフル・デッドのライブに行った人は、観客席のなかで、プロ仕様のマイクロフォンが空に向かって森の木々のようにそびえ立っているのを見て驚く。テーパーは、自前の機器を使ってライブを自由に録音することができたのだ。グレイトフル・デッドのライブでは、録音だけでなく撮影も自由だった。

当時、ライブでファンに録音を許すのは非常に珍しいことだった。一般的には、ファンに録音されたらレコードが売れなくなると考えられていたが、グレイトフル・デッドはここでも常識を破ったのだ。

テーパーは、グレイトフル・デッドのコミュニティのなかでサブカルチャーを作った。過去の演奏が確実に保存され、共有されるようになったのは、ほかでもないテーパーのおかげなのである。ファンはこうした録音にどっぷり聞き入り、演奏された曲の順番、それぞれの長さ、即興の要素などについて詳しい知識を蓄積した。テーパーは、バンドの学芸員（キュレーター）であり、歴史専門家になったのである。

ほかのバンドのように録音を禁止するのではなく、テーパーに録音を許可し、奨励したことで、グレイトフル・デッドは自分たちの音楽を無料で「開放」した。音楽をタダにしたらバンドが成り立たないと思うかもしれないが、そうすることで成功できたのだ。タダで音楽が入手できるにもかかわらず、ファンが増え続け、さらに大きな会場で演奏するようになった。そして、皮肉なことにバンドの気前のよさがアルバムの販売も活気づけ、19枚がゴールド、6枚がプラチナ、4枚がマルチプラチナとなった（ライブアルバム含む）。

ファンにライブの録音を許したことが、グレイトフル・デッドの音楽に人々が触れる機会を増やし、新たなファンの獲得と売上の増加につながった。

テーパー専用のスペースができたいきさつはこうだ。グレイトフル・デッドは全部で2300を超えるライブを行ったが、デッドヘッズたちはその初期からテープ録音をしており、およそ2200のライブが録音されている。バンドが成功を収めるにつれ、テーパーの数も増え、問題が生じるようになった。マイクロフォンの数が多すぎてステージの視界をふさぐようになり、ほかの観客から苦情が寄せられたのだ。

テープ録音を禁じたり、壁で隔離したりするのではなく、グレイトフル・デッドはこれを好機としてとらえた。1984年には、いい音質で録音できるようミキシング・コンソールの背後に専用スペースを設け、特別なチケットがないと入場できないようにした。そして、録音テープの交換を許す条件として、テープを他人に売ったり、商業的な目的で使ったりしないように求めた。

インターネットが普及すると、ナップスターなどの音楽ダウンロードサイトが突然登場し、どのバンドの曲もシェアしたり無料で入手したりできるようになった。レコード業界はこれを厳重に取り締まり、サイトを閉じさせ、音楽のダウンロードを違法にした。しかしグレイトフル・デッドは、ライブでの録音とファンによる交換を許す伝統をそのまま続けた。リーダーのガルシアが亡くなった後で誕生したバンド「ザ・デッド」は、1999年にライブ演奏の無料ダウンロード（MP3ファイル）を初めて許可したバンドのひとつになった。それ以来、デッドヘッズはその特権のおかげで、お金を払わずにグレイトフル・デッドの演奏をiPodで楽しみ続けている。

MARKETING LESSON FROM THE GRATEFUL DEAD

コンテンツを無料にすることで「リーチ」を増やそう

これまでにも書いたように、消費者はマーケティングのメッセージにうんざりしている。電話番号の発信者通知の機能や、スパムメールのブロック機能、テレビCMをスキップするレコーダーなどで、邪魔なメッセージを遮断することができるようになっている。このような状況で、どうしたら消費者に「リーチ」できるだろうか。消費者や顧客は、広告には耳を貸さない一方で、新製品について知るためにこれまでとは根本的に異なる方法をとっている。検索エンジン、ブログ、ソーシャルメディアを使っているのだ。

消費者や顧客にリーチするには、面白いブログ、ビデオ、記事などの無料コンテンツをたくさん作成するのがよい。直感的に、無料で提供しては儲からないと思うかもしれないが、実際には効果がある。提供したコンテンツにほかのサイトがリンクを張ってくれて、訪問者を増やしてくれる。そうすればグーグルの検索エンジンがサイトの重要度を認め、検索ランキングの上位に登場することができる。

つまり、ひとつひとつのコンテンツが、潜在的な顧客を引き寄せる「ミニ磁石」のようなものなのだ。これらのよいところは、蓄積することで力を発揮することである。あなたが作ったコンテンツの数々は、銀行預金の複利のように、リンクによって継続的に検索エンジンのランクを上げ、決して消えない。

規模が小さめの会社（特にサービスを販売する会社）の人がよく心配するのは、ブログやビデオ、記事などを通じて無料でアイディアを提供したら、サービスを購入してくれる動機がなくなってしまうということだ。だが、事実はその正反対だ。コンテンツや製品の一部を無料で提供することによって、より多くの関心を集め、劇的に見込み客（リード）を増やすことができる。多くの企業の問題は、見込み客が十分でないことだ。コンテンツを無料で開放すると、対処に困るほどの見込み客がきて、今度は「どうやって買ってくれる客を見極めたらいいか」という問題まで起きる。

グレイトフル・デッドは、コンテンツを無料で開放すると、より多くの人々が自社について耳にするようになり、結果的に取引してくれるようになると教えてくれる。

定期的にコンテンツを作成して、無料で利用させている会社は、ファンを獲得し、そのファンが顧客になることで、最終的に収益が増大してゆく。グレイトフル・デッドで成功したことは、企業でもきっとうまくゆくだろう。

MySQLはデベロッパーにソースコードを無料で提供している

MySQL（マイ・エスキューエル）は、グーグル、シマンテック、ニューヨークタイムズ紙など世界中の企業で使われている、オープンソースのデータベース管理システムである。マイクロソフトとオラクルが有料のソフトウェアで業界を支配していた時代に、ソースコードを公開する無料の製品として作られたMySQLは、マイクロソフトやオラクルと競争するのではなく、別の方法で収入を得た。

MySQLは、GNU GPLというライセンス形態のもとで配布されている。そのため、このソフトを使用したアプリケーションを作り、配布する場合にはオープンソースでなければならないという決まりがある。ソフトウェアは無料だが、商業ライセンス版にアップグレードすると有料になるという「フリーミアム」のビジネスモデルを活用したおかげで、年間ダウンロード数は1000万を超え、リードは1日に3000〜5000になった。無料ダウンロードに加えて、MySQL社はケーススタディ、ブログ、ハウツー・ガイド、資料など600以上の無料コンテンツを作成した。これらのコンテンツは、ユーザーにソフトウェアの使い方を理解してもらうのと、人々を引き寄せるために作られたものである。

製品を無料で提供しているのに、MySQLはどうやって収入を得たのだろうか。シマンテックやセージ会計ソフトといった会社は、MySQLを自分たちの商業アプリケーションに使用しているのだが、もちろん自社製品のソフトウェアを無料で提供したくはない。そのため、無料版ではなく、商業ライセンス版を購入することになり、料金を支払う。MySQL の収益の80％以上は、こうしたＯＥＭの商業ライセンスによるものだ。

さらに、MySQL を利用している多くの企業は、システム稼働時間を最適化したり、データベースの性能を上げたりする必要がある。そこで MySQL は、サービスとセットになった企業向けのパッケージを定額制で販売した。

製品を無料で提供し、追加のサービスが必要な場合には有料で提供するやり方のおかげで、膨大な数の見込み客を獲得できた。マーケティング部門は、リードを探すのではなく、入ってくるリードをふるいにかけて見極め、育むことにほとんどの時間を費やすことになった。だがそれは、マーケティング部門にとっては贅沢な（よそにはない）問題と言えるだろう。

２００３年に６００万ドルだった収益は２００８年には1億ドルに増え、MySQL はサン・マイクロシステムズに10億ドルで売却された。このフリーミアム戦略は成功だったのだ。

得ようと思ったら、まず与えなければならない

無料で価値のあるものは、磁石のように人々を引きつけ、見込み客を劇的に増やしてくれる。グレイトフル・デッドがその先駆けであり、MySQLがソフトウェア業界で応用したフリーミアムのモデルは、基本的にどの業界でも有効だ。あなたの業界でもだ。

ACTION 自社製品ではなく、自分の業界について、読んだ人が知り合いに教えたくなるような分析記事を書く。自分の業界がこれからの10年でどのように進化するかを語る面白いビデオを作成し、ブログやユーチューブに載せる。業界の人々が喜ぶような興味深い話題について世論調査をして情報を集め、面白いレポートを作る。狙っている顧客が楽しめるようなiPhoneアプリやウェブサイトを作るコストの低い制作会社を探してみよう。自分の業界（自社製品ではない）に関して、週に一度興味深いブログ記事を書く。

コンテンツの内容が素晴らしいものであれば、製品やサービスの説明ページよりもはるかに多くの人が、訪問してくれるはずだ。

Grateful Dead
Grateful Dead
Grateful Dead
WOODSTOCK
OAKLAND AUD. ARENA
LEWISTON MAINE 9-6-80
NASSAU
OAKLAND AUD ARENA
ANCHORAGE ALASKA
UPTOWN THEATRE
CHICAGO
LITTLE RED ROOSTER
I KNOW YOU RIDER
EYES OF THE WORLD
GREATEST STORY EVER TOLD
NOT FADE AWAY
SAINT OF CIRCUMSTANCE
TERRAPIN
GOOD LOVIN'
maxell
UD
COLORADO

CHAPTER 14

CHAPTER 14

広まりやすくしよう

ライブを録音したテーパーたちは、デッドヘッズのコミュニティ内で小さなサブカルチャーを作り上げていったが、そのテープを収集したファンによって、さらに大きなサブカルチャーが生まれた。デッドヘッズは何百ものテープをコレクションしており、語り継がれる有名なライブの録音を積極的に探した。インターネットが登場する前の時代に、ファンはテープを自由に友達に貸し、その友達がコピーを作り、その友達がまたその友達に……という具合だった。デッドヘッズは、大学の寮、勤務先、家庭などでテープをかけ、さらに多くの人をファンに変えた。

デッドヘッズは、自分のカセットテープにつける「カバー」を作るために、何時間もかけて美しいイラストを手描きした。特別な意味を持つライブ（例えば、奥さんと出会ったライブとか、初めての子供が生まれた日のライブとか）であればなおさらだ。ファンは、テープのカバーに「ダンシングベアー」などのイラストを描いて、友人に渡したものだった。

こうやってテープをコピーしたり共有したり創作したりすることを、グレイトフル・デッドは許した。その唯一の条件は、商業目的で録音を販売しないことだった。

グレイトフル・デッドが禁止しなかったために、その音楽はファンによって広めやすくなった。

音楽業界は、アーティストのコンテンツを「壁」で厳重に取り囲む。そして、その戦いは現在も続いている。アメリカの著作権法では、ファンはアルバムやカセットテープのコピーを作ってもよいが、他人と共有してはならない。共有を許可すると販売数が減るという考え方によるものだ。だから、新しい曲について知るきっかけは、ラジオで耳にしたり、友達に教えてもらったり、音楽雑誌で読むしかなかった。

グレイトフル・デッドのようにファン同士で自由に録音テープを交換させるバンドはなかった。この本で何度も指摘してきたことだが、テープの交換を許すとは、不利になるどころか、デッドヘッズが自分たちの音楽を広めてくれるのを促進し、かえってバンドを成功に導いた。それぞれのテープは、新しい観客をライブに呼び寄せる「広告」のようなものだ。グレイトフル・デッドがライブを開催すれば、さらに多くのテープが流通し、そのテープから作られた多くのコピーが広告として新しい観客を呼び寄せたのである。

MARKETING LESSON FROM THE GRATEFUL DEAD

口コミが広まる工夫をしよう

マーケティング担当者は、自社の製品やサービスに関する口コミを広めたいと常に考えている。20年前には、口コミはなかなか広まらなかった。そのため、PR会社や広告キャンペーンにお金をかけたものだ。

現在は、自社の製品を口コミで広げるのは以前より簡単になった。素晴らしいアイディアがあれば、業界で活躍するブロガーやソーシャルメディアのユーザーたちを魅了することができる。そして、ＰＲや広告に大金を払わなくても、これらのブロガーやソーシャルメディアのユーザーたちが、アイディアを推進するのを助けてくれる。グレイトフル・デッドのようにコンテンツを無料で開放すると、ファンや信奉者たちがそれをどんどん広めていってくれるのだ。

グレイトフル・デッドは、消費者や顧客がコンテンツを広めやすいように工夫すれば、製品を広く知ってもらうことができると教えてくれる。

病気の原因や動向を研究する「疫学」では、感染症が流行するかどうかを、「基本再生産数」（R_0と書く）という数字で表す。基本的に、$R_0>1$であれば伝染していく「流行病」であり、$R_0=1$であればその地域でしか発生しない「風土病」、$R_0<1$であれば流行は自然消滅することになる。

自社のコンテンツとアイディアを広めるためにはR_0の数字が大きければ大きいほどよい。だからこそ、口コミ・マーケティングのことを専門用語では「バイラル（ウイルス性）」というのだ。コンテンツを読んだ10人全員が少なくともひとりに転送したとすれば、少なくともさらに10人がそれを読むことになり、R_0は1より大きくなる。もし10人のうちたったひとりしかそれを転送しなかったのなら、R_0は0.1である。

だから、コンテンツをなるべく魅力的なものにし、読んだ人がそれをツイッター、フェイスブック、ユーチューブ、ソーシャルブックマークなどを通じて伝えやすくしなければならない。自分たちのコンテンツを見せる前に「登録」を要求すると、R_0は確実に1以下になる。価値のあるコンテンツを無料で開放し、ソーシャルメディアのサイトで共有しやすくしてやれば、すでに述べた「大量のリーチ」の効果もあって、R_0の数字は可能な限り高くなるだろう。

なぜマッシャブルのコンテンツは広まるのか

マッシャブルは240万人以上が読んでいるWeb2.0を体現するソーシャルメディア・ブログである。主流メディアは、例えばウォール・ストリート・ジャーナル紙のようにコンテンツに「障壁」を設けているが、マッシャブルは誰でも読んだり、リンクを張ったり、多くの人と共有できるようになっている。マッシャブルのすべての記事には、グーグル・バズ、ツイッター、メール、フェイスブックの「いいね!」など、知り合いと共有するためのボタンが目に付くところに表示されている。

こうした最新のソーシャル・シェアリングのツールを活用することを、マッシャブルは得意としている。グーグル・バズが発表されるとすぐ、すべてのブログ記事に「バズ」のアイコンをつけ、フェイスブックが「いいね!」機能を発表すると、すぐにそれに対応し、読者が新しいツールを使ってコンテンツを広めやすいようにした。

コンテンツから障壁を取り去り、広めやすくし、共有するためのツールに次々と対応したおかげで、マッシャブルのサイトは月に1500万以上ものページビューを獲得したのだ。

あなたのコンテンツを広めやすくしよう

ソーシャルメディアの初心者であろうと、〝黒帯〟レベルのベテランであろうと、コンテンツを業界に広めやすくする努力は、同じように報われる。

ACTION 自社のマーケティングの全般を通じてソーシャルメディアを組み込もう。もしブログを持っていたら、そのすべての記事にフェイスブック、ツイッター、グーグル・バズ、メールなどのソーシャル・シェアリング・ボタンを付け、読者が広めやすくしよう。ビジネスに活用できるSNSのアカウントがあれば、そのプロフィールに自分のブログやツイッターの情報を載せよう。ウェブセミナーなどの告知ページには、ソーシャル・シェアリング・ボタンを載せて、イベントの参加者が友人に現在やっていることを知らせたり、話題を広めたりしやすくしよう。

ビデオや記事などのコンテンツについても同じことが言える。これらを、あなたの新しいファンが話題を広めてくれる機会として活用するのだ。

電子メールでウェブセミナーなどのお知らせを出すときにも、ソーシャル・シェアリング・ボタンを付けよう。そうすれば、読者が好みのソーシャルメディアを使って友人に知らせることができる。例えば読者がツイッターのアイコンをクリックしたときには、ツイッターの画面が開き、あなたのニュースレターを掲載したウェブサイトへのリンクをすぐに投稿できる。

新聞や雑誌といった従来型の広告でも、口コミが広まりやすくなるように、ツイッターやフェイスブックでフォローしてくれるよう呼びかけよう。

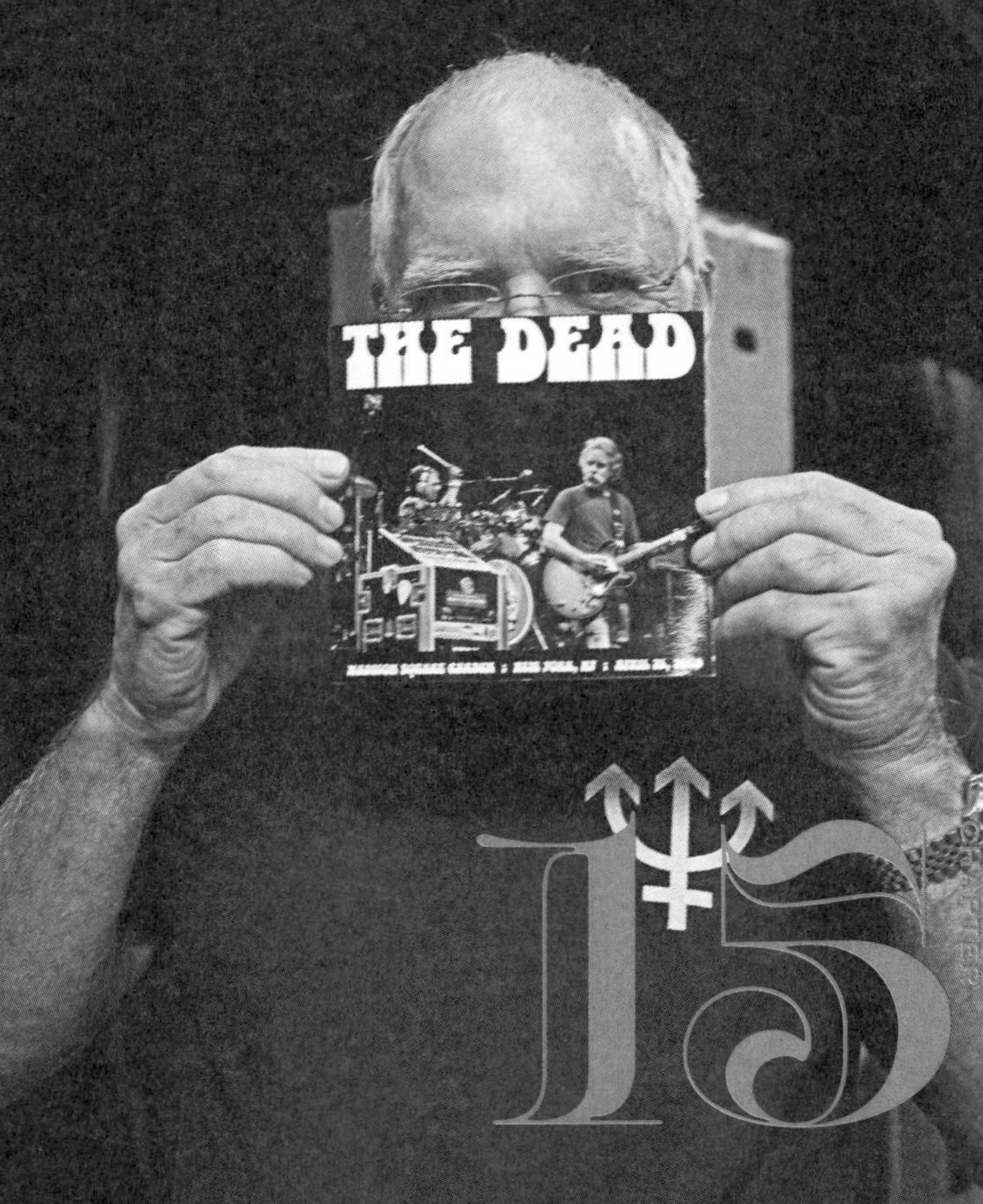

CHAPTER 15

CHAPTER 15

フリーから有料のプレミアムへアップグレードしてもらおう

ほとんどすべてのロックバンドがチケットに「撮影・録音禁止」と印刷していた頃から、グレイトフル・デッドは「やってもいいよ」と言い、インターネットがまだない時代に、現在のファイル共有サービスに似た録音テープ交換の巨大なネットワークを作り上げた。ネットの普及で、録音や写真、ビデオは、ウェブの音楽ダウンロードサイトや、フリッカー、ユーチューブなどのソーシャルネットワークで保管され、交換されるようになった。共有の技術が向上した今でも、グレイトフル・デッドはデッドヘッズが録音を交換したりコピーして友達にあげたりするのを歓迎している。

このように開放的な発想をしていた彼らであったが、だからといって自分たちの録音でお金を稼がなかったわけではない。ファンにはライブの録音とその共有を自由にさせているが、それとは別に、過去の評判の良いライブの高音質録音版とスタジオ録音アルバムは、バンドの公式ウェブサイトで販売されている。この戦略についてちょっと考えてみよう。グレイトフル・デッドは、誰にでもライブを自由に録音させ、他のファンと交換させた。だが、同じライブでも、観客席で録音するとどうしても雑音が生じてしまうが、バンドの販売する「リマスター版」ではそれがない。だからファンは、30年にわたるライブのうち、厳選された100ほどのライブの高音質リマスター版を、バンドから直接購入するのである。

タダで録音された何百万というライブ録音が、ファンの自宅や大学のキャンパス、クルマのなかにあり、インターネットのダウンロードサイトにも出まわっているが、それらはグレイトフル・デッドの音楽を人々に紹介する役目を果たしている。こうしてバンドを知った多くの人が、自分でもライブを体験したくなり、録音テープを集めたくなる。ひとつひとつのライブが異なるので、ファンは何十、何百ものライブ録音を集めることを楽しむ。そのうちに、多くのファンは高音質の録音を耳にすることになる。いったんそれを耳にすると、何度もダビングしたテープの音質では不十分なことを悟る。こうした人たちが、グレイトフル・デッドが提供する高音質のレコードを買うのである。

グレイトフル・デッドは、ファンがライブをタダで録音するのを奨励したが、より品質の高いものを求める人のために、自分たちが録音したものを直接販売している。

「無料で音楽を入手できても、プロによる録音を買いたいファンがいるはずだ」ということをグレイトフル・デッドは分かっていた。技術の進歩に合わせて、バンドは自分たちのファンのために新しい製品を提供している。最近のザ・デッドとファーザーのツアーでは、ライブ終了からたった15分後に、そのライブを録音した3枚組CDセットを販売している。このシステムはなかなか優れものだ。希望者はライブが始まる前に20ドルを支払い、リストバンドをつける。ライブを楽しんでいる間に、クルーたちは最初のCDを録音し、休憩の間に1000枚のコピーを作る。2枚目のCDはアンコールの間に、そして3枚目はアンコールの終了直後に作成される。3枚セットCDが包装されて販売テーブルに届けられると、待ち受けていたファンがリストバンドと交換で商品を受け取る。

マサチューセッツ州のウースターで開かれたザ・デッドのライブでCDセットを購入したファンに、「自宅で無料ダウンロードできるのにどうして買ったのですか?」と聞いたところ、バーモント州の自宅まで3時間かかる帰り道で聴きたいからだと答えた。僕たちもプロがミキシングした高音質の録音を聴きたいので、バンドが販売するレコーディングをいつも購入する。

ザ・デッドは、2009年に行われたツアーで公演ごとに「公式ツアー本」を制作するために、自費出版サービスのベンチャーであるブラーブと組んだ。長年グレイトフル・デッドを撮影してきた写真家のジェイ・ブレイクスバーグ(本書の写真も彼だ)によるコレクター・アイテムとなる本が各地で作られ、ファンは

Blurb.com のサイトで自分が参加したライブの写真が載っている本を注文した。たとえ自分で公演中に写真を撮影していても、多くのファンは素晴らしい体験の思い出として本を購入したのである。

MARKETING LESSON FROM THE GRATEFUL DEAD

無償版を高品質の有料版へアップグレードしてもらおう

流通コストがかからない製品やサービスでは、まず無料で提供し、有料版へのアップグレードを勧めるのが一般的になってきている。グレイトフル・デッドにとっても、ファンがライブを録音したり写真を撮ったりビデオで録画したりするのを許可するのには一銭もかからない。コストをかけずに無料で流通できる製品やサービスといえば、インターネットを通して提供できるソフトウェアのほか、ニュースや調査報告、データなどの情報、そして iPhone などのスマートフォンで利用できるサービスなどだ。

グレイトフル・デッドは、最も情熱的なファンは最高の品質を得るために、プレミアム価格を払うことを教えてくれる。

このやり方で難しいのは、何を無料で提供するかである。価値があってみんなが繰り返し使って親しみを感じてくれるものが理想だ。グレイトフル・デッドの録音テープは、毎日聴かれるからこそ、親しみがわき、有料のプレミアム版が欲しいという欲求を生むのだ。

あまり価値がないものを無料で提供しても、マーケティング戦略として効果はない。例えば、読者が本を購入してくれることを期待して著者が「目次」だけ無料で提供しても、これにはほとんど価値がない。同様に、アプリケーションの無料版の機能があまりにも制限されている場合には、ソフトウェアは売れない。

電子書籍リーダーのソフトを無料で与えて専用端末を売る

アメリカでは、「キンドル」のような電子書籍リーダーが非常に人気だ。アマゾンだけでなく大手書店チェーンのバーンズ＆ノーブルも、電子書籍リーダー向けに本や雑誌、新聞などのコンテンツを販売している。しかも、この専用ハードウェアの販売でも利益をあげている。アマゾンは数字を公表していないが、２００９年にキンドルは推定で１５０万台売れた。

アマゾンもグレイトフル・デッドのビジネスモデルを活用している。アマゾンはiPhone、iPad、アンドロイドなどのために、アプリケーション版のキンドルを無料で提供している。こうした無料アプリケーションは、１３９ドルするキンドル端末と同じように、電子書籍を買ったり、無料コンテンツをダウンロードしたり、無線ＬＡＮでiPhoneなどにデータを送ったりできる。コンテンツは読みやすく、48万以上の書籍を閲覧したり検索したりもできる。

ところが、iPhoneの画面サイズはキンドルの端末よりもはるかに小さい。iPhoneで電子書籍を読んでいた人たちは、しだいにキンドル端末が欲しくなる。キンドルはiPadよりもバッテリーが長く持つので、飛行機に長時間乗っていても読書ができる。無料版からプレミアム版へのアップグレードを用意しておくと、多くの人は139ドル払ってさらに便利な専用端末を購入するのだ。

バーンズ&ノーブルも2009年末に電子書籍リーダーの「ヌーク」を発表した。オンライン書店のみのアマゾンと比べて、全米各地に何百ものリアル書店があるという強みがある。ファンにライブを自由に録音させたグレイトフル・デッドのように、バーンズ&ノーブルは書店を訪問したお客さんにコンテンツを提供して販売する巧みな方法を取り入れている。書店にいる間は、無料で電子書籍をダウンロードして読むことができるのである。バーンズ&ノーブルではこれまでも本や雑誌を棚から自由に取り出して店内にあるイスに座ってくつろいで読むことができたが、電子書籍でも同じことができるのだ。お客さんが家でも電子書籍を読みたいと思ったら、クリックするだけで購入できる。

無料版を作成しよう

ソフトウェアや情報ビジネスの場合、またはウェブで供給できる製品がある場合には、無料版を作成し、プレミアム版にアップグレードできるようにしてウェブで提供するべきだ。

ACTION リアルな製品や、ウェブでは供給できないサービスを販売するビジネスの場合でも、iPhone などのスマートフォンで提供できる無料のアプリケーションを検討するとよい。例えば、世界最大の木工具会社のひとつであるスタンレー・ブラック&デッカーは、「水準器」のiPhoneアプリを無料で提供している。この水準器は、壁に絵をまっすぐにかけたいときなどに使える。プレミアム版はもちろん、より正確なプロ級のスタンレー・ブラック&デッカーの水準器であり、それはリアルな工具店で買わねばならない。

CHAPTER 16

CHAPTER16

ブランドの管理をゆるくしよう

グレイトフル・デッドは、ビジネスの様々な面においても、音楽と同じように即興で演奏しているようなスタイルを好んだ。ブランディングもそのひとつで、アルバムカバー、バックステージ・パス、会報、ポスターなどは、豊かな色彩やイメージに満ちていた。

また、アルバムを買ったり広告を見たり会報を受け取ったりしても、どんなライブになるのかまったく想像がつかなかった。薔薇、骸骨、ダンシング・ベアーズ、「スティール・ユア・フェイス」のロゴなどのイメージは何回も登場したが、その使われ方は非常に変化に富んでいた。バンド名のフォントと色も、アルバムカバー、ライブのポスター、会報によってバラバラで、これまで見たことがないようなクールなアルバムカバーのときもあれば、「何これ？」と首をかしげるようなときもあったりした。

例えば1978年のアルバム『シェイクダウン・ストリート』のカバーアートは、人々が街角で踊っているどんちゃん騒ぎを描いた遊び心のあるコミックのイラストだった。サンフランシスコのアングラ・コミックの世界で有名なギルバート・シェルトンが描いたもので、勢いがあり、茶目っ気やジョークも効いていた。シェルトンとグレイトフル・デッドがこのカバーを面白がっていたのは明らかで、ファンも長年楽しんだ（グレイトフル・デッドのライブで屋台の店が並ぶ駐車場も「シェイクダウン・ストリート」と呼ばれるようになった）。

ところが一方で、『グレイトフル・デッド・サンプラー』というアルバムのように、おとなしくて地味なカバーも作ったりした。また、1978年にリリースしたLPカバーも、黒いバックグラウンドにピンクの頭蓋骨だけだった。

グレイトフル・デッドは、そのブランディングにおいても、即興演奏のようなスタイルをとった。

常に変わり続けるグレイトフル・デッドのブランディングは、他のバンドとは正反対だった。例えばローリング・ストーンズのようなバンドがツアーをするときには、必ず「テーマ」があり、その時点で宣伝しているアルバムのテーマと一致したものになっている。そして、ポスター、Tシャツ、ステージセットなどにおいても、ブランドは厳密に管理される。デイヴィッド・ボウイは、1987年のアルバム『ネバー・レット・ミー・ダウン』のプロモーションのために、ステージセットである巨大な蜘蛛の巣と蜘蛛のバルーンとともに「グラス・スパイダー・ツアー」に乗り出した。

だがグレイトフル・デッドは、ツアーでは宣伝テーマにほとんどこだわらなかった。ライブごとにポスターのデザインが変わり、わずか数日後のライブでまったく違うデザインのポスターが使われることもあった。1970年12月12日にサンタローザ市で行われたライブのポスターは、カウボーイ帽をかぶったメンバーのモノクロ写真だったが、その10日後にサクラメント市で行われたライブのポスターは黄色い夕日とオレンジ色の火山と青い海をラベンダー色の枠で囲うような、見た目にも刺激的なものだった。

デザインの観点からすると、ブランドを慎重に管理するほかのバンドには見られないような、自由な気質を視覚的に表現していると言える。グレイトフル・デッドの即興的なブランディングからは、自分たちのファンをよく分かっていることが伝わってくる。ファンは、芸術や音楽について自由に考え、体制には迎合しないところがあるからだ。

MARKETING LESSON FROM THE GRATEFUL DEAD

ブランドを厳密に管理しすぎないようにしよう

企業がブランドを厳密に管理しすぎることがあまりにも多い。マーケティング・コミュニケーション部門がロゴやコーポレートカラーの使い方を決めており、自称「ロゴ警官」が少しでも規則を外れる人を取り締まる。僕(デイヴィッド)がニュースサービス会社のニューズエッジ社に勤めていたとき、営業部が世界地図に企業ロゴを載せたパンフレットを作成した。クリエイティブで良いものだったが、厳密には「企業ブランド使用ガイドライン」に違反していた。プロダクトマネジャーは叱られ、「正しくない」イメージを削除して、パンフレットを刷り直すよう命じられた。

もちろんガイドラインは必要だ。僕たちはロゴの使用規則を撤廃すべきだと叫んでいるわけではない。だが、ブランディングを厳密にしすぎると、クリエイティビティを窒息させてしまう。「ロゴ警官」の取り締まりで新しいアイディアの芽を摘むのではなく、新しいことに挑戦するマーケティングチームの創造力をほめたほうがずっといい。

グレイトフル・デッドは、ブランドの「個性」を表現すれば、見た目が多少違っていても、ファンは気づいてくれることを教えてくれる。

ウェブサイトやソーシャルメディアの自己紹介ページをデザインするときには、担当者に裁量を与えよう。もちろん、会社のデザイン基準には従ってもらわなければならないが、その基準から逸脱することも許してあげるとよい。プロのデザイナーは、ブランドを壊すことなく、自分のスキルを使って新鮮なアイディアを取り入れる方法を知っている。

ブランドの管理をゆるめることで、会社は個性を表現することができ、柔軟に対応する能力を得ることもできる。

グーグルは、ドゥードゥルで企業イメージを明るくした

ロゴを保護することにかけて熱心な会社といえばグーグルだ。検索結果の画面をブログの記事や電子書籍、紙の書籍などに使うのは問題ないが、映画やテレビ番組でグーグルのロゴを使う場合にはきちんと許可を取らなければならない。商品、衣料、展示会などで第三者がマーケティング資料として使うのは、明確に禁じられている。

ところがグーグルは、特別なイベントのときは、自ら積極的にロゴを「変

化」させてきた。これは「グーグルのドゥードゥル」と呼ばれていて、ゴッホの誕生日からレゴの50周年記念まで、ちょっと変わったデザインで何でも祝ってしまう。いつもはきりっとしたカラフルなロゴが、ホリデーにはいたずら書きのようなドゥードゥルになる。特に人気があるのがハロウィーンだ。オリンピックやサッカーのワールドカップといったスポーツイベントでは、大会が進むにつれ、異なるドゥードゥルが登場する。

初めてデザインされたドゥードゥルは、1998年にネバダ州で開催された「バーニングマン」を記念して、「Google」の2番目の「o」の後ろに棒の人型を加えたものだった。このときはドゥードゥルがどれほど人気になるか想像もしていなかったが、今ではコレクション・アイテムであり、新しいものが登場するたびに、ブログやツイッターで話題になる。

ロゴを「誤用」させないようデザイナーを押さえつけるのではなく、グーグルはドゥードゥルを会社のブランドの一部とした。企業サイトでは、「ドゥードゥルはそもそもグーグルが有名人やイベントを楽しむものだが、わが社のクリエイティブで革新的なパーソナリティもよく表している」とある。今では、グローバルサイトと様々な国のサイトでドゥードゥルを作るフルタイムのデザインチームが雇われている。

グーグルも、ほとんどの企業と同じように、自社のイメージとブランドを保護し、許可なしにはロゴを使わせない（グレイトフル・デッドもそうだ）。でも、グーグルとグレイトフル・デッドがほかの組織と違うのは、デザインを通じて個性を表現していることだ。自分たちのＤＮＡである遊び心と自信がはっきりと伝わってくる。たとえそれが、ジャクソン・ポロックの誕生日を祝ったときのように、「Google」と認識できないときであっても。２００９年1月28日のカラフルな線や落書きのドゥードゥルは、まるで2歳児が描いたように見えた。

それにしても、グーグルの最初のシェフ、チャーリー・エイヤーズが、かつてグレイトフル・デッドのシェフだったのは、なんとも愉快な偶然だ。

デザイナーたちに自由を与えよう

ACTION 自社のデザイナーたちにブランド要素で遊ぶ裁量を与え、消費者やファンにアイディアを出してもらおう。

社内では厳しくブランドを管理できるかもしれないが、インターネット上ではそうはいかない。ファンが作成する動画でテーマソングを使ったり、ブログ記事にロゴを載せたりするのを許可しよう。規制のために戦うよりも、外部の人が作ったクリエイティブなビデオやコンテンツを自社のウェブサイトに載せよう。若手のデザイナーに呼びかけてコンテストを企画し、デザインを「アウトソース」ならぬ「クラウドソース」してはどうだろう？　例えば、カンファレンスのブースで使うディスプレーのデザインなどで試してみるとよい。何か新しいことをやるときは、必ずブランドの管理をゆるくして、デザイナー（社内でも社外でも）に対して新しいアイディアを出させよう。もちろん、企業イメージは保ったままで。

CHAPTER 17

CHAPTER 17

起業家と手を組もう

グレイトフル・デッドのライブは、駐車場に入る前から嗅ぎ分けられる。炒めたソーセージ、マリファナの煙、香油のパチョリが奇妙に混じり合った匂いがする。そして、クルマのドアを開けたとたんに、笑い声や会話、いろんなグレイトフル・デッドの曲の音がぶつかり合う。近くの安っぽいカーステレオから「シュガー・マグノリア」が聞こえる一方で、遠くにいるデッドヘッズのグループがガソリン発電機につないだプロ級のサウンドシステムから「ザ・ウィール」を響かせている。

ファンならば、友達といっしょにこういった「シーン」を何度も体験したことだろう。どの町のどの駐車場でも、グレイトフル・デッドが演奏するところに、シーンができる。いつどこでも、デッドヘッズにとってシーンとは、クレイジーな生活のなかで必ずくつろげる「居場所」なのである。

耳と鼻を駆使してシーンの中心を探すと、すぐに、何列にも並んだ仮設の露店が見えてくる。友達といっしょに、ゆっくりとその間を歩き、顔見知りに声をかける。展示されている商品を気軽に手に取るのは、買いたいからというよりも、コミュニティの仲間とちょっとした会話を交わしたいからだ。手作りの絞り染めTシャツ、マクラメ編みのブレスレット、革ベルトなどを販売しているのは、デッド行商人たちである。長旅でお腹が空いてノドも渇いていれば、食料品の露店でブリートスやグリルチーズ・サンドイッチ、10種類以上あるビールなどから選ぶことができる。

中世の市場のように、そこには陰の部分もある。ちょっとマリファナはどうだ？　風船から亜酸化窒素を吸ってみるかい？　多くの行商人はバンドについて国中をまわる。特定の種類の製品を専門にし、繰り返されるライブで同じような客に同じ商品を売る。

ここで注目したいのが、その商品なのだ……。

グレイトフル・デッドは、自分たちのロゴを付けた商品を売る行商人に「ノー」と言うのではなく、使用を許可した。

グレイトフル・デッドの有名なロゴ「スティール・ユア・フェイス」は、額を稲妻が真っ二つに割る、赤、白、青の頭蓋骨のシンボルである。これは、バンドが1969年にウッドストックで演奏したときから使われ始めたもので、もとは機材などを入れたロードケースにステンシル（型抜き）で描かれていた。大規模なロックフェスティバルでは、ほかのバンドのロードケースと間違われないようにしなければならない。だが、この「スティール・ユア・フェイス」のロゴは、10年のうちに世界で最もよく知られるシンボルのひとつになった。ファンは「スティーリー」と呼ばれるこのロゴが気に入り、スティッカー、シャツ、コーヒーマグ、バイクジャケット、ピン、ヘッドバンドを喜んで買った。それから数年たつと、「ダンシング・ベアーズ」も流行った。すると、ライブ会場の駐車場で行商人たちがバンドのロゴを使った商品でけっこう儲けていることに、バンドのツアー・クルーが気づいた。でも、「売るな」と弾圧するのではなく、彼らを歓迎した。ライセンス料を払ってくれれば使用を認めて、行商人をパートナーにしたのである。

MARKETING LESSON FROM THE GRATEFUL DEAD

ライバルを味方にしてしまおう

たいていのロックバンドは、オフィシャルグッズが確実に売れるようにするために、駐車場での商品の販売を禁止する。グレイトフル・デッドもライブの会場内で自分たちのグッズを販売するが、彼らは行商人コミュニティとも手を組んだ。その結果、グレイトフル・デッドのベビー服までもが登場した。また、行商人たちを歓迎したことで、ファンがくつろげる駐車場の雰囲気が、そのまま保たれたのである。

自社のブランドを使って収入を得たい個人事業者や新興企業がいたら、探し出して提携してみよう。

包容力があって、みんなで協力しようという雰囲気は、ファンだけでなく行商人たちの間にも行き渡っていた。インターネットが普及して登場したネット販売の起業家も、バンドから敬意を持って扱われ、販売の許可を得ることができた。

前の章では、僕たちは「中間業者を排除する」ことを勧めた。そのためにグレイトフル・デッドがファンにチケットを直接販売したことを説明したけれども、この章では、個人事業者や新興企業と自社のブランドを使った商品の販売で手を組むことを提案したい。このふたつの戦略は矛盾しているように見えるが、そうではない。チケット販売のブローカーは、グレイトフル・デッドがそのしきたりを破るまで独占業者としてふるまい、バンドの魅力のおかげで売れるチケットを販売することでお金を儲けていた。だが、独占業者ではない行商人たちは、バンドが考えもしなかった商品を作ってくれるのである。行商人が売るTシャツ、コーヒーカップ、スウェットシャツ、ピンバッジはバラエティに富んでいた。もうひとつの大きな違いは、チケットのブローカーは大企業でありグレイトフル・デッドのファンではないが、行商人たちはファンであり起業家たちなのである。

アマゾンの世界で最も人気があるアフィリエイトプログラム

アマゾン・ドット・コムは、1995年に、オンライン書店として始まった。創業者のジェフ・ベゾスは、オンライン書店のほうがリアルな書店よりも多くの在庫を持てることに気づき、消費者が何百万もの書籍のなかから選んで購入できる便利さを提供できるのはインターネットしかないと信じていた。創業から最初の30日間、アマゾンはアメリカの50州と海外の45カ国からの注文に応え、すべてシアトル地区の倉庫から発送した。本の倉庫を建て、オンラインの店舗を作って売り、初めのうちは従来の書店とあまり変わらない感覚で営業していた（今では本以外の商品も売っている）。だがアマゾンは、広大なワールド・ワイド・ウェブで孤立したサイトを運営するだけが戦略ではないと気づいた。

アマゾンは、グレイトフル・デッドのように、一見するとライバルであるはずの個人事業者や新興企業と提携することにした。「アフィリエイト」と「アマゾン・アソシエイト」というふたつのプログラムを作ったのだが、どちらも当時の常識からは外れたものだった。

アマゾンのアフィリエイトを利用すれば、自分のブログやサイトに商品のリンクを張ったり、売り場そのものを作ったりすることができる。つまり、自分のブログやサイトで商品に興味を持ってくれた人を、アマゾンへと誘導できるのだ。書評のブログであれば、レビューした本をアマゾンの購入ページにリンクする。そのリンクから誰かが本を購入すれば、売上の数パーセントがもらえる。2000年の段階で、ほかのサイトがアマゾンの商品を販売するのを許可したのは、驚くべきことだった。というのも、当時の常識は、「トラフィックを自分のサイトにとどめろ」であり、よそのサイトと連携するなど考えられなかった。包容力で行商人を取り込んだグレイトフル・デッドのような戦略のおかげで、アマゾンのアフィリエイトは、世界で最も人気のあるプログラムになった。

また、「アマゾン・アソシエイト」は、アマゾンのサイトで外部の業者に商品を販売させるものだ。ここでほかの会社が古本を販売することについて、当初は幅広い論議があった。新しい本が20ドルなのに古本が1ドルや2ドルで売られていたら、新しい本が売れなくなってしまう気がする。作家や出版社も、安い古本のせいで新刊の売上が「共食い」になっていると苦情を言った。しかしアマゾンは、古本を売る個人事業者や中小企業の肩を持った。

グレイトフル・デッドがロゴの使用を行商人に認めたとき、これはバンドの収入が減る愚かなやり方だと考えた人は多かった。でもバンドのメンバーは、ロゴがさらに広まって、デッドヘッズのコミュニティがハッピーでいるほうが、ちょっと多めに儲けるよりも良いと判断した。バンドがもっと有名になればお金はいずれ入ってくると、正確に予想したのだ。グレイトフル・デッドにとって、この戦略は非常にうまくいった。そして、アマゾンが儲けたのは言うまでもない。ふたつのプログラムによって口コミが広まり、2009年の純売上高は245・1億ドル、純利益は9億2000万ドルになった。

自社の製品やアイディアをまねする者と提携してしまおう

自分たちの製品やサービスを「少し変えて」販売しているような業者がいるだろうか？　確かにそれは営業妨害かもしれない。だが、法的に争うよりも、そうした個人事業者や中小企業と提携するほうが良いかもしれない。自社の製品に関連したサービスを提供している会社のなかにそういった業者はいないだろうか。もし見つかったら、そこにチャンスがあるかもしれない。

ACTION 法務部と話し合うときにも、警告を送りつける前に対処の方法をまず検討したいことを明確に伝えよう。たいていの組織では、最初のリアクションは類似商品の販売行為をやめさせることなので、すぐに法的な通知を送りつけてしまう。それよりも、ライバルの会社を積極的に探し出してこちらから接近し、互いに助け合える方法を提案するほうがよい。不動産業者ならリフォーム業者と、子供用品のメーカーや販売業者なら「お母さんブロガー」と手を組むために働きかけてみてはどうだろう。

CHAPTER 18

CHAPTER18

社会に恩返しをしよう

グレイトフル・デッドは、自分たちが信じる大義や理念について、特に活動の基盤であるサンフランシスコの生活を向上することに関連した支援を頻繁に行った。1960年代から慈善ライブに参加し、その収益を寄付した。初期には、弁護士の助けが必要だけれども雇うお金がない人を援助する「ヘイト・アシュベリ1法律相談所」のために活動し、1966年5月30日にはウインターランド舞場でほかのバンドといっしょに演奏して1万2000ドルの資金を集めた。こうしてグレイトフル・デッドには、コミュニティに恩返しするバンドだというブランドイメージができた。

「社会に恩返しする」のは、慈善ライブに限ったことではない。ふだんのライブでも、自分たちが興味のある団体を招き、会場にテーブルを設置して、ファンが「臓器の提供」や「選挙の登録」といった社会問題について学ぶ機会を提供した。ライブにきた観客は、グレイトフル・デッドの真摯な姿勢を感じた。そのため、音楽に関して前向きでおおらかなバンドだというイメージに加え、みんなの生活を向上させるために援助してくれるバンドだというイメージが加わった。

グレイトフル・デッドはとても気前がよく、そうしたブランドイメージが、彼らの成長と成功を助けた。

グレイトフル・デッドは、寄付金を集める主な手段として、慈善ライブを20年近く開催していた。だが、事務所にくる協力の要請があまりにも多いのと、利益の配分でしょっちゅう慈善団体がもめるので、バンドは疲れてしまった。そこでメンバーたちは、自分たちが信じる大義を支援するために、1983年に非営利の慈善組織「レックス基金」を設立した。

レックス基金は、健全な環境を確保し、芸術における個性を促進し、必要不可欠な社会福祉を支援し、我々よりも恵まれていない人々を援助し、先住民の権利を保護し、彼らの文化の存続を確実にし、強いコミュニティを築き上げ、全世界の子供と大人の啓蒙を目指す。

レックス基金を設立したおかげで、グレイトフル・デッドは、膨大な慈善ライブの要請をうまく処理できるようになり、より多くのテーマで支援を行えるようになった。レックス基金のための最初の慈善ライブは、1984年春に開催された。その後は毎年春にサンフランシスコ地区の会場で3日連続のライブを行い、その収益をすべてレックス基金に寄付している。この基金は、「ウィメンズ・アース・アライアンス」といった環境問題、ニューヨーク市のホームレスの母子の生活を向上させる「ハーツ・オブ・ゴールド」といった福祉サービス、ハヴァーガル・ブライアンやロバート・シンプソンといった無名の作曲家を支援するアート支援の分野に焦点を絞って助成金を与えた。グレイトフル・デッドのライブと活動が主な収入源だが、市民や企業からも寄付を受けており、創設から2010

年までに、1000以上の対象に、850万ドル以上の助成金を与えている。

MARKETING LESSON FROM THE GRATEFUL DEAD

真心をこめて慈善事業を選ぼう

アメリカの企業はよく非営利のチャリティを支援するが、税の控除や表面的な義務行為に見えてしまうことが多い。会社の慈善活動に「心がこもっている」と感じたり、その社会問題を「重視している」と感じたりすることはまれである。気前よく与えているものの、(企業イメージに関連した)特定の分野や社会問題に絞ることなく、しかも問題を解決するために継続的に援助しないことも多い。多くの会社は、重役たちが好んだ慈善事業を、行き当たりばったりに選んで寄付しているだけである。

グレイトフル・デッドは、一貫性がある継続的な社会への恩返しこそが、非常に重要な恩恵を企業にもたらすと教えてくれる。

援助する慈善事業やテーマを慎重に選び、それを企業カルチャーの一部として取り込んで長年にわたって続けると、受け取るほうのメリットも大きくなり、企業イメージも良くなる。

ドナルド・マクドナルド・ハウス・チャリティーズ

マクドナルドのレストランというと、子供が好きというイメージが思い浮かぶ。もちろん、大人もマクドナルドの味を楽しむのだが、最初に思いつくのは子供だ。１９７４年に設立された「ドナルド・マクドナルド・ハウス・チャリティーズ」は、グレイトフル・デッドのような寄付の素晴らしい例である。この組織はレックス基金のように非営利団体で、ほかからも寄付を受け付けているが、マクドナルド社が最大の寄贈者である。

その目的は、自宅から遠く離れた病院で治療を受ける重い病気の子供とその家族を援助することにある。子供が長期にわたって自宅を離れると、家族は強いストレスと苦痛を覚える。そこで、子供が治療を受ける病院の近くで家族がいっしょに暮らせる滞在施設を、まずフィラデルフィアに作った。このプロジェクトは世界30カ国に広がり、300近いドナルド・マクドナルド・ハウスができた。毎日1万以上の家族を援助し、2008年にはホテル代の出費を2億2600万ドルも助けた。このチャリティはさらに大きくなり、病院のなかにある家族のための特別な部屋である「ファミリー・ルーム」や、医療保険に加入していない子供を治療するための医療用自動車である「ケア・モービル」も加わった。

ドナルド・マクドナルド・ハウス・チャリティーズの使命は、子供たちの健康と福利（幸福）を直接向上するプログラムを作り上げ、探し出し、支援することです。

一度でも病院に入院したことがあれば、ひとりで取り残される子供たちがどんなに不安か、家族がそばにいることがどんなに重要か分かるだろう。これはとても素晴らしい、社会に恩返しする方法だ。マクドナルドが家族志向の企業であることとも一致しているし、もう30年以上続いている。そして、マクドナルドの努力は、消費者の記憶に残るはずだ。

自分のコミュニティに恩返しをしよう

もちろん、ふつうの人には2万人の観客の前で慈善ライブを開くことはできない。マクドナルドのように大規模の慈善事業を興すこともなかなかできない。だからといって、恩返しをあきらめてはいけない。グレイトフル・デッドのように、自分の専門分野で恩返しをしよう。例えば僕たちは、頻繁にボストン周辺の大学でゲスト講師として講義や講演をする。ハーバード大学、マサチューセッツ工科大学、ボストン大学、シモンズ大学、バブソン大学、エマーソン大学などの施設で学生にアイディアを提供するのは、コミュニティへ個人的に恩返しすることだと思っている。学生にとってメリットがあるだけでなく、私たちも確実に恩恵を受けている。

また、経済、社会、音楽の分野でグレイトフル・デッドの研究を支援するため、僕たちは本書の印税収入の25％をカリフォルニア大学サンタクルーズ校のグレイトフル・デッド・アーカイブに寄贈している。

ACTION 自社のイメージと一致するような、社会に恩返しする方法を選び、今すぐに始めよう。

CHAPTER 19

CHAPTER 19

自分が本当に好きなことをやろう

本書を執筆するにあたって、僕たちはたくさんのグレイトフル・デッドの映像記録を観た。ひとつ際立っていたのは、ステージのジェリー・ガルシアが幸せそうだったことだ。ギターをかきならしながら、大きな笑顔をいつも浮かべていた。インタビューでは、ジェリーもバンドのメンバーも、自分たちのやっていることをいかに愛しているか何度も語っていた。大成功する可能性なんてほとんどなかったにもかかわらず、この情熱があったからこそ、成し遂げることができたのだ。

情熱を追い求めて仕事を選んだ人にはよくあることだが、グレイトフル・デッドの何人かは最初ものすごく質素な生活をしていた。たとえば、ガルシアは音楽とギターの演奏に心底情熱を注いでいた。バンドを結成する前にはギターを教えていたのだが、スズメの涙ほどの収入しかなかったので、なんとクルマのなかで寝起きしていた。ガルシアは割りのいい「仕事」を得るのではなく、それをやり通し、その情熱が最終的な成功に貢献した。

グレイトフル・デッドは、自分たちがやっていたことが本当に好きだったのでそれをやり通した。そしてもちろん、結果的に成功した。

グレイトフル・デッドは、自分たちの音楽活動に情熱を抱いていたので、何度辛い体験をしても、粘り強く耐え続けることができた。初めて雇われたギグは、2夜連続で演奏する約束だったのに、最初の演奏があまりにもひどかったために、酒場のオーナーは次の夜の演奏を3人組の老人のジャズバンドに差し替えた。メンバーたちは恥じ入ったあまり、1日分の賃金さえ要求しなかった。しかも、あきらめるのではなく、彼らはスタジオでこれまでの2倍練習した。観客を魅了するグレイトフル・デッドのユニークなサウンドは、実はこのような長年にわたる試行錯誤と練習のたまものだったのだ。

MARKETING LESSON FROM THE GRATEFUL DEAD

本当にやりたいことをしよう

僕たちは子供の頃、「仕事」と「遊び」は本質的に相反するものであると教わった。だが、この教えは正しくない。仕事は遊びのように楽しいものなのだ。グレイトフル・デッドのように自分が本当にやりたいことをやっていたら、毎日自分が「仕事」をしているという実感はないだろう。

人々はよく、情熱を抱けない「職業」に落ち着いてしまう。親兄弟や同級生といった他人の期待や評価を意識して選ぶからだ。けれども、情熱を抱ける自分自身の夢を叶えるほうが、ずっと簡単なのである。なぜかというと、自分が愛すること、本当にやりたいことをやっているほうが、すばらしい仕事をする可能性がはるかに高いからだ。情熱があれば、それが自分の燃料となって、疲れた同業者たちが乗り越えられない壁を跳び越えられる。成長分野でなくても、自分が夢中になれる業界（例えば自動車産業）で働くほうが、人気があり成長しているが情熱を抱けない業界（マネージメント・コンサルタント業とか）で働くよりも、ずっと良い。

自分がやりたいことをやると、成功の可能性が高くなるだけでなく、ずっと大きな幸福感を与えてくれる。どうせ人生の半分は働くのだから、自分のやりたいことをやったほうがいいではないか。楽しめないことに時間を費やすと、職場以外のところでも精神的なダメージがある。逆に、本当にやりたいことをやると、私生活のほうにも大きなメリットがある。

グレイトフル・デッドは、他人の夢ではなく、自分自身の夢を生きることを教えてくれる。

僕（ブライアン）の父は、亡くなる前の数ヵ月間、自分の人生が何だったのかを考え、この世で過ごした時間をより広い歴史的な観点からとらえようとしているように見えた。幸いなことに、父は多くのことを成し遂げ、愛情に満ちた人生を送っていたので、人生の意義を見つけることはたやすかった。人生の終わりの時間とは、僕の父のようにあってほしいものだ。情熱を追い求めれば、臨終のベッドでも決して後悔しないだろうが、人生の半分をほかのことに費やしたら後悔するかもしれない。

ビル・ゲイツは、自分の人生の主導権を握っている

ビル・ゲイツが大好きな人もいれば、大嫌いな人もいる。どちらにせよ、彼が自分の人生の主導権を握り、情熱を追い求めていることは、賞賛せずにはいられないだろう。少年の頃、ゲイツはコンピューターおたくだった。彼と友人のポール・アレン（のちのマイクロソフト共同創業者）は、真夜中に何時間もワシントン大学で過ごし、大学の大型汎用コンピューターを使っていた。シアトルの有名な弁護士で、息子にもその道をたどってほしいと願っていたゲイツの父親は、こんな息子にがっかりしたに違いない。

ゲイツはこの情熱を入学したハーバード大学にも持ち込み、アレンといっしょにコンピューターをいじくりまわし続けた。サイドビジネスとしてコンサル

ティングを始め、最終的に大学を中退してマイクロソフトを立ち上げ、情熱を追い求めた。その後の成り行きは、ゲイツが自分のやりたいことをやって、ついに世界で一番の金持ちになったという、みんながよく知っている話だ。

マイクロソフトで30年過ごした後、まだ現役で通用する若さなのに引退して新しい情熱を追い求める決意をしたゲイツは、妻のメリンダとともに、発展途上国の健康と教育を改革するための「ビル&メリンダ・ゲイツ財団」を設立した。第2の情熱を追うことで、ゲイツは、発展途上国の数限りない子供たちを助け、生活を向上させているのである。

今、この瞬間を楽しもう

グレイトフル・デッドやビル・ゲイツのように自分の情熱を追えば、きっと報われる。

ACTION もし現在の「仕事」が嫌いなら、今日からそれを変える努力を始めよう。不平を言うのをやめて、何かを始めるのだ。この本を手に取った人には、マーケティング担当者、企業の管理職、個人事業者、起業家などが多いかもしれない。勤めている会社のマーケティングのやり方に疑問を抱いていたり、業界を変えるようなアイディアを持っていたりする人もいるだろう。マーケティングのやり方を改革するような新しい仕事をしたいと思っていることを、上司にプレゼンしてみてはどうか。この点でさらに勉強したければ、僕たちの本『マーケティングとPRの実践ネット戦略』（日経BP刊）や、『インバウンド マーケティング』（すばる舎刊）を参考にしていただきたい。

2カ月がんばっても、自分の「仕事」を情熱が抱けるものへと変えることができなかった場合には、新しい「情熱」を探そう（「仕事」と「情熱」を置き換えてみよう。これには効果がある！）。

新しい「情熱」を探すときには、

やり方をひっくり返してみるとよい。求人欄で他の職を探すのではなく、自分がワクワクできるような会社や業界に的を絞り、自分の「情熱」にあわせた職を作ってくれるよう説得するのだ。CEOにメールを書き、もし雇用されたらどのようにビジネスを変えていくのかをスライドにまとめ、自分の素晴らしいブログ記事もつけよう。まともなCEOであれば、面接してくれるはずだ。

もし、始めたくてウズウズしているような新しい会社のアイディアがあるのならば、夜と週末にそれに取りかかり始めよう。多くのビジネスはこうやってスタートしたのだ。うまくゆきそうな手応えができてきたら、思い切ってやってみよう。いつだって想像よりもリスクは少ない。

こうして、グレイトフル・デッドのファンである僕たちふたりが、実際にバンドについての本を書いた。これだって「仕事」じゃないかって？　そう言われてみればそうだ。だが、これは僕たちにとって「情熱」でもある。僕たちは、自分たちの夢を生きているのだ。

ウォルト・ディズニーもこう言った。

「夢を追い続ける勇気さえあれば、どんな夢でも実現できる」

ビル・ウォルトン　NBAの「50人の偉大な選手」のひとりに選ばれた米国の元バスケットボール選手で、殿堂入りしている。また、最も有名なデッドヘッズとしても知られている。現在はスポーツキャスターとして活躍。

本書の発刊に寄せて

ビル・ウォルトン（NBAスーパースター）

45年以上前のこと。サンフランシスコのベイエリアに、ある若者たちの集団がいた。宿なしの彼らは、車を住みかにし、ファストフードレストランからかっぱらってきたケチャップと水道水を混ぜたトマトスープをすすりながら、ある日、**電車を乗りまわし**[*1]、社会のいろいろな場面で世界を変えるという夢を思い描いていた。

その**メリー・プランクスター**[*2]の集団が、後にグレイトフル・デッドというロックバンドになり、僕たちが考えもつかなかったやり方で、多くの人びとの生き方や考え方を変えてしまった。グレイトフル・デッドは、情熱的に社会や文化を変えようとし、その影響の多くは今でも続いている。けれども、彼らが変えようと働きかけた文化の、今日の羨望の的になっているのが、よりにもよってビジネスとマーケティングのモデルだというのだ。こんなことは、誰も想像しなかっただろう。

だがいま、多様な才能を持つ新世代の**コスミック・チャーリー**[*3]、ブライアン・ハリガンとデイヴィッド・ミーアマン・スコットが、その**要求に応えてくれようとしている**[*4]。

ふたりは、常識に反したグレイトフル・デッドの「商売」のやり方が、実は、すべての状況で効果がある最良のビジネス手法なのだという、驚くべき説を打ち立てたのである。

デイヴィッドとブライアンの最新刊『グレイトフル・デッドにマーケティングを学ぶ』は、静寂を埋めるパワフルで情熱的なアンセムのように、これまで誰も答えてくれなかった数々の疑問を明らかにしてくれる。著者たちも、セカンドセットのことを常に念頭に置いて演奏したグレイトフル・デッドのように、時代を変える夢想家なのである。本書は、グレイトフル・デッドの本質的価値観、信念、成功事例を包括し、楽しく、容易に応用できるかたちで見事に描ききっている。まるで、ファンが待望したグレイトフル・デッドの新アルバムのリリースのようだ。

多くの勇敢な夢想家のように、グレイトフル・デッドも一般通念を拒絶した。彼らは、これまでとは異なる新しいことに挑戦する意志と自信があった。未知のものや失敗への恐れを捨て去り、崖っぷちの状況で働き、演奏した。いずれも大音響で、そして従来の束縛にとらわれることなく。

グレイトフル・デッドには、情熱、創作意欲、想像力があり、真実や公正さ、正義、自分らしさを普及させようとする強い意志があった。**ただ金銭のために演奏することから生き様として演奏するような**[*5]改革的な変貌を遂げることができたのは、その意志があったからだ。本書は、どのようにすれば読者も自分のキャリアにおいてグレイトフル・デッドのように自己改革できるのかを説明している。

音楽界においてロックバンドはうぬぼれや偽予言者（と儲け）といった**ダイア・ウルフ**[*6]たちと闘い続けねばならない。グレイトフル・デッドは、その荒涼とした世界の輝ける星であり希望の光だった。現在では「約束の地」にたどり着くための定番として認められているが当時は誰も耳にしたことがなかった革新的なプロモーション手法、口コミマーケティング、献身的なカスタマーサービス、個々の客に対応するチケットや商品販売プラン、コミュニティとチーム精神などにより、分別を失わせるような音楽界の狂気からは超然とした存在になったのである。彼らが行ったことは簡単そうに見えるが、実はもどかしいほどとらえどころがない。誰にも目があるが、だからといって全員に見えるというわけではないからだ。人生においては、**ワインの味がする水が湧き出る地**[*7]に運んでくれる**バスに乗りこむ**[*8]チャンスはほとんどない。けれども、ブライアンとデイヴィッドが、いま、バスの運転手として、そのおいしいチャンスを与えてくれたのである。せっかくだから乗り込もうではないか。

「何を追い求めているのか自分でも確かではないのだが、追い求めることだけは確かだ」という確信のみを拠りどころにして多くの者が突き進んだ**たくさんの道**[*9]から生まれたマントラを、著者たちはグレイトフル・デッドのように要約してくれている。

僕は、『グレイトフル・デッドにマーケティングを学ぶ』をおおいに楽しみながら読み、善をなして成功した著者たちについて学び、実際に知り合った。それゆえに僕は、胸を張ってデイヴィッドとブライアンを推薦する。自ら進んで犠牲になることに甘んじ、永久の愛と忠誠心に満足し、永久に**かの旗をふり**[*10]つつ、声高にこう歌おう。「ぼくは彼らを応援する」

マーケティング？　グレイトフル・デッド？　いったい誰がこんなことを考えついただろう？

ちゃんと見さえすれば、思いもかけない場所に光を見いだすこともある……。[*11]

*1 グレイトフル・デッドの曲「ケイシー・ジョーンズ」の歌詞〝Driving that train〟とかけている。
*2 アーティストのケン・ケイシーが率いるサイケデリックなヒッピー集団。
*3 「コスミック・チャーリー」という曲に登場する人物の名前。
*4 「ヘルプ・オン・ザ・ウェイ」という曲名とかけている。
*5 「ジャック・ストロー」の歌詞の一部、〝We used to play for silver, now we play for life〟
*6 グレイトフル・デッドの有名な曲「ダイア・ウルフ」とかけている。悪者という意味。
*7 「ゴーイン・ダウン・ザ・ロード・フィーリン・バッド」の歌詞
〝Goin' where the water tastes like wine〟とかけている。
*8 デッドヘッズの間で「バスに乗る」といえは、バンドについてツアーに行くことを意味する。
*9 「ソー・メニ・ローズ」という曲名とかけている。
*10 「ウェイブ・ザット・フラッグ」という曲名とかけている。
*11 「スカーレット・ベゴニアズ」の歌詞の一部、〝Once in a while you can get shown
the light in the strangest of places if you look at it right〟

訳者あとがき

あなたもデッドヘッズになってみませんか？

2010年12月1日。

ボストン科学博物館の近くにあるハブスポットという会社の、「ジョブズ（スティーブ・ジョブズ）」というすごい名前がついている会議室で、私は奇妙な感慨にふけっていました。

「なんだか、シュールだなあ」

部屋の中央で熱い会話を交わしているのは、ほぼ日刊イトイ新聞（「ほぼ日」）主宰者の糸井重里さん、「ボストンで最も就職したい会社」に選ばれたハブスポット社CEOのブライアン・ハリガン、そして国際的に活動するマーケティング・ストラテジストのデイヴィッド・ミーアマン・スコット（私の夫）、の3人です。すでにご存じのとおり、後者のふたりは本書『グレイトフル・デッドにマーケティングを学ぶ』の共著者です。

まず目につくのは、それぞれが前に広げているアップル社のラップトップです。まるで打ち合わせでもしたかのように、3人ともマックユーザーで、スーツやネクタイなしの、さりげなくおしゃれなカジュアルです。椅子の背にもたれてリラックスしている姿は、長年の友人と雑談をしているような雰囲気です。けれども、3人が集まって語り合うのは、この日が初めてなのです。

そもそも、出会いのきっかけが変わっています。デイヴィッドとブライアンの「小さい頃に離れ離れになった兄弟が再会したような」4年前の出会いは本文に書かれていますので省略しますが、このふたりと糸井さんを引き合わせたのは本書だったのです。

まだ原書がアメリカでも刊行されていないときのことです。『Marketing Lessons From the Grateful Dead』という変わったタイトルの本をインターネットで見つけた糸井さんが「こんな本がある」とツイートされ、ほぼ同時にグレイトフル・デッドについてツイートしていた私を、共通のフォロワーの方がつなげてくれました。そのとき軽い気持ちで対応したツイートが、糸井さんのボストン訪問と本書の邦訳出版にまで発展したのです。

運命的な出会いもさることながら、もっとシュールなのは、それぞれ別の道を歩んで来た3人に、他の人とは大いに異なる共通点があることです。彼らの会話に耳を傾けていた私が気づいたのは次のようなことです。

常識というものを疑ってかかるクセがある

自分が納得できないことは、誰が何と言おうと、やらない。また、「これまでに成功例がない」からしないのではなく、だからこそ「面白い」と思う。常識より自分を信じて挑戦する。

誰にも教わらずに、無料コンテントの提供を実行した

2004年からネットで無料の情報とアドバイスを提供し続けてきたデイヴィッドは、時代にさきがけて電子書籍を無料で提供した。それがきっかけで『New Rules of Marketing and PR』を刊行し、世界的なベストセラー作家になった。ブライアンは、企業のためのマーケティングとPRの会社を2006年に共同創業してネットで無料のコンテントを多く提供し、会社を大成長させた。だが、ふたりよりもっと早く実行していたのは、1998年に「ほぼ日」を始めた糸井さんである。どこにも「成功例」はなかった。クリス・アンダーソンが『フリー〈無料〉からお金を生みだす新戦略』を発行したのが2009年のことだから、3人の先駆者ぶりが際立つ。

インターネットで独自のコミュニティを作り上げた

糸井さんの「ほぼ日」の訪問者数は1日約13万人。イェール大学があるニューヘヴン市とほぼ同規模の大きなコミュニティで、海外在住の日本人にもファンが多い。デイヴィッドがソーシャルメディアと書籍を通して培った世界各地のファンは、マーケティング専門家だけでなく、国の大統領、ミュージシャン、獣医、起業家など多様である。ネットでのマーケティングとPRのソフトを企業に提供するブライアンの会社の企業ファンは、毎日対応しきれないほど増えている。

ヒエラルキーがない職場

糸井さんとブライアンの会社には上下関係がなく、社員を信頼し、個々のモチベーションを重視する。社員が複数の役割をかけもちし、「席替え」があるというのも共通点である。社員が社内政治にエネルギーを費やす企業体質の無駄を嫌っていたデイヴィッドは、9年前に企業を離れて独立した。

ブライアンもデイヴィッドも若い頃に東京の糸井さんの事務所の近所で働いていたことがあり、デイヴィッドは、糸井さんがコピーを書いたジェリー・ガルシア出演のコマーシャル（1993年・パルコ）のことを鮮やかに記憶しています。これまで出会わなかったことのほうが不思議なくらい過去が絡み合っているのです。

「デッドヘッズ」と呼ばれるグレイトフル・デッドの熱狂的ファンには、そもそもユニークな人が多いのです。ビル・クリントン、アル・ゴア、オバマ大統領、ラリー・ペイジ（グーグルの共同創業者）、エドワード・ノートン（俳優、映画監督）などもデッドヘッズで、デッドヘッズ同士は、肩書に関係なくどんどんつながり、助け合うことでも知られています。

私も翻訳者として本書に関わらせていただいたおかげで、糸井重里さん、「ほぼ日」の篠田真貴子さん、菅野綾子さん、永田泰大さん、山口靖雄さん、小池花恵さん、日経ＢＰの柳瀬博一さん、担当編集者の竹内靖朗さんなど興味深い方々とつながることができ、多くのことを学ばせていただきました。これらの「つながり」から、さらに面白いことが生まれそうな予感がしています。

グレイトフル・デッドの音楽を知らない人でも、その精神でつながることはできます。みなさんも、「デッドヘッズ」になってみませんか？

２０１１年10月　**渡辺由佳里**

次の方々に心からお礼を申し上げます。

ジョンワイリー&サンズ社の編集者、マット・ホルト、シャノン・ヴァーゴ、キム・デイマン、ブライアン・ニール、デボラ・シンドラー、シンシア・シャノン、ニック・スナイダー。素晴らしい装幀をしてくれたダグ・アイマー、写真を提供してくれたジェイ・ブレイクスバーグ、イラストを描いてくれたリチャード・ビフル。「本書の発刊に寄せて」でグレイトフル・デッドへの情熱をぼくたちと分かち合ってくれた、ビル・ウォルトン。

ブライアンから。

ザック・アーロッカー、アシュリー・ウィット、マーク・ベニオフ、ダン・ザレラ、ダイアナ・ハフ、ランド・フィシュキン、ヨンモー・ムーン、W・チャン・キム、ルネー・マーボーン、ボブ・ハリガン、マイク・ヴォルピー、ダーメッシュ・シャー、エリック・オルセン、ジョー・バーデンヒアー、ピート・キャシュモア、レイ・オジー。

デイヴィッドから。

ユカリ・ワタナベ・スコット（渡辺由佳里）、アリソン・スコット、アラン・スコット、ピーター・スコット、テレサ・クレイマー、レン・セルコーニー、エリカ・ブラウン、ジェイミー・カセタ、ジム・パーマリー、メイソン・トルマン、ポール・シャーバイン、バークリー・ジョンソン、ビル・メリカリオ、マーク・リース、スティーブ・ヘイズ、ケン・ヘイズ、ベン・コート、ネティ・ハートソック。

写真家について

本書に掲載されている卓越した写真の数々は、サンフランシスコを基盤に活躍している写真家でビデオ監督のジェイ・ブレイクスバーグの作品である（カバー表4はJim Marshall）。ブレイクスバーグの作品は、ローリングストーン誌、ギタープレーヤー誌など多くの雑誌に定期的に掲載されている。

ブレイクスバーグがグレイトフル・デッドの写真を撮影し始めたのは1978年で、彼がまだ高校生のときだった。1980年代にはグレイトフル・デッドの巡業キャラバンに加わり、ツアーに付いて回った。その後グレイトフル・デッドと緊密に仕事をするようになり、さらに親密な写真を独占的に撮るためのアクセスを得た。

過去30年以上にわたる彼のロックンロールの写真の旅には、ほんの数例を上げるだけでも、カルロス・サンタナ、トム・ウェイツ、ニール・ヤング、ジョニ・ミッチェル、レディオヘッド、フィッシュ、デイヴ・マシューズ、ジョン・リー・ハンコックなど多くの伝説的なアーティストが含まれている。最近では、フレイミング・リップス、R.E.M.、スペアヘッド、ガヴァメント・ミュール、ジャッキー・グリーン、ワイドスプレッド・パニック、アルマン・ブラザーズ・バンドなどのライブコンサートビデオを監督している。

ジェイ・ブレイクスバーグの著作とウェブサイト

"Between the Dark and Light: The Grateful Dead Photography of Jay Blakesberg"

www.blakesberg.com

イラストレーターについて

本書に掲載されている素晴らしいイラストレーションは、リチャード・ビフルが本書のために描いたオリジナル作品である。ビフルの幻惑的なイラストレーションは多くの人々にインスピレーションを与えている。ビフルは過去20年以上にわたって、スピンオフ企画やソロ活動も含めグレイトフル・デッドと協働し、ポスター、商品、CDカバーなどに素晴らしい芸術作品を描いている。

グレイトフル・デッドだけでなく、サンタナ、ブラック・クロウズ、アルマン・ブラザーズ・バンド、クロスビー，スティルス，ナッシュ&ヤング、ポール・サイモン、ディープ・パープル、その他多くのバンドとも協働している。音楽業界以外では、マーヴェル・コミックなどともいっしょに仕事をしている。

ビフルのウェブサイト

www.richardbiffle.com/

Grateful
WORKINGMAN'S DEAD

著者

ブライアン・ハリガン
Braian Halligan

グレイトフル・デッドのライブ演奏は100回以上観ているという熱狂的ファン。HubSpot（ハブスポット）の最高経営責任者（CEO）兼共同創業者。HubSpotではMarketing Hub、Sales Hub、Service Hub、そして無料のCRMで構成されたソフトウェアを提供し、成長過程にある企業が顧客を惹きつけ、信頼関係を築き、満足させることでスマートな成長を実現できるよう支援している。『インバウンド・マーケティング』（すばる舎）をHubSpot共同創業者であるダーメッシュ・シャアと共著。マサチューセッツ工科大学の上級講師。余暇には敬愛するレッドソックスを追いかけ、テニスを楽しみ、ギターの練習に励んでいる。

1992年にアメリカのソフトウェア会社PTCの日本支社を創設するために来日し、同社を大きく成長させた。在日中は東京の等々力に居住し、相撲と野球の試合を楽しんだ。

ウェブサイト
www.hubspot.jp/

デイヴィッド・ミーアマン・スコット
David Meerman Scott

ティーンエイジャーだった1979年にグレイトフル・デッドのコンサートに行って以来、彼らの演奏を75回以上観ている。

マーケティングとPRのストラテジストであり、何百人から何千人もの聴衆の前でスピーチをするプロの講演者である。これまでに110カ国以上を訪問し、南極を含む世界7大陸で講演している。数多い著書のうち『The New Rules of Marketing and PR』（初版の邦訳版は『マーケティングとPRの実践ネット戦略』日経BP）は大学や企業で教科書として使われるロングセラーであり、2020年5月には改訂第7版が刊行される。邦訳されているそのほかの著書に、『月をマーケティングする　アポロ計画と史上最大の広報作戦』（日経BP）、『リアルタイム・マーケティング 生き残る企業の即断・即決戦略』（日経BP）などがある。医学生の娘と共著した2020年1月刊行のFanocracyは、ウォール・ストリート・ジャーナル紙ベストセラーになった。

16才のときに初めて日本を訪問し、京都府宇治で日本人家族と1カ月過ごした楽しい経験が心に深く焼きついた。10年後に再び来日し、ウォール街の経済コンサルティング会社の東京支社を創立。その後、米大手新聞社のファイナンシャル部門のアジア地域マーケティング・ディレクターに就任。ロックの大御所が競って訪れた1980年代から90年代の日本でコンサートを満喫し、両国国技館では25回以上相撲を観戦した。

別荘があるナンタケット島で午前6時から海に入るほど大好きなサーフィンは「下手の達人」だが、アポロ月面着陸計画関連品の収集家としては自宅にミニ博物館を作るほど極めている。これまで行ったロックコンサートは800以上で、グレイトフル・デッドの75回のコンサートすべてをエクセルで記録しているという正真正銘のオタク。

ウェブサイト
https://www.davidmeermanscott.com/
ツイッター　@dmscott

訳者

渡辺由佳里　わたなべ・ゆかり

２００1年に『ノーティアーズ』で小説新潮長篇新人賞を受賞してデビューし、現在は数々の連載を持つエッセイスト。自分の好きなことには情熱を惜しまない夫（本書の共著者デイヴィッド）に圧倒されてきたが、結婚27年にしてついに自宅に図書室を作って抵抗した活字中毒の妻。年間２００冊以上の英語の本を読み、２００８年に始めた洋書紹介ブログ「洋書ファンクラブ」は多くの出版関係者が選書の参考にするほど高い評価を得るようになった。最新の著作は『ベストセラーで読み解く現代アメリカ』（亜紀書房）、最新の翻訳書はレベッカ・ソルニット『それを、真の名で呼ぶならば』（岩波書店）。

ブログ「洋書ファンクラブ」 https://youshofanclub.com/

ツイッター @YukariWatanabe

監修・解説者

糸井重里　いとい・しげさと

「ほぼ日刊イトイ新聞」主宰　１９４８年生まれ。コピーライターとして一世を風靡し、作詞やエッセイ執筆、ゲーム制作など、多岐にわたる分野で活躍。１９９８年にウェブサイト「ほぼ日刊イトイ新聞」を立ち上げてからは、同サイトでの活動に全力を傾けている。近著に『他人だったのに。』『みっつめのボールのようなことば。』（ほぼ日）、『すいません、ほぼ日の経営。』（川島蓉子との共著・日経ＢＰ）など。

本書は２０１１年12月に日経ＢＰより刊行した
同名書を文庫化したものです。

nbb
日経ビジネス人文庫

グレイトフル・デッドにマーケティングを学ぶ（まな）

2020年4月1日　第1刷発行

著者
ブライアン・ハリガン
デイヴィッド・ミーアマン・スコット

訳者
渡辺由佳里
わたなべ・ゆかり

監修・解説者
糸井重里
いとい・しげさと

発行者
白石 賢

発行
日経BP
日本経済新聞出版本部

発売
日経BPマーケティング
〒105-8308 東京都港区虎ノ門4-3-12

ブックデザイン
祖父江慎＋鯉沼恵一

本文DTP
鯉沼恵一

印刷・製本
中央精版印刷

Printed in Japan ISBN978-4-532-19970-8

本書籍に関するお問い合わせ、ご連絡は下記にて承ります。
https://nkbp.jp/booksQA